漸凍勇士陳宏傳

—他和劉學慧的傳奇故事

陳 福 成 著

傳 記 叢 刊
文史哲出版社印行

國家圖書館出版品預行編目資料

漸凍勇士陳宏傳：他和劉學慧的傳奇故事 /
陳福成著. -- 初版 --臺北市：文史哲,
民 100. 05
頁:　　公分. --（傳記叢刊；10）
ISBN 978-957-549-965-5（平裝）

1.陳宏 2.劉學慧 3.臺灣傳記 4.運動神經元疾病

783.31　　100007821

傳 記 叢 刊 10

漸凍勇士陳宏傳

一 他和劉學慧的傳奇故事

著　者：陳　福　成
出版者：文　史　哲　出　版　社
http:// www.lapen.com.tw
e-mail：lapen@ms74.hinet.net
登記證字號：行政院新聞局版臺業字五三三七號
發行人：彭　正　雄
發行所：文　史　哲　出　版　社
印刷者：文　史　哲　出　版　社
臺北市羅斯福路一段七十二巷四號
郵政劃撥帳號：一六一八〇一七五
電話886-2-23511028 · 傳真886-2-23965656

實價新臺幣二六〇元

中華民國一百年（2011）五月初版

ISBN 978-957-549-965-5　　78810

序——何樣奇緣？

大約幾年前，我參加佛光山台北道場「台北教師分會」月例會，有人介紹說：「這位是劉學慧師姊，陳宏的夫人！」

驚鴻一瞥，因我忙於俗務，較少參加道場活動，但慢慢的，他們的傳奇故事已吸引了我。這或許是身為作家的本能，就像當年陳宏手拿相機，追獵目標物，找尋最好的題材一樣的心態。

漸漸的，我會蒐集陳宏的相關報導（多是人間福報）和他的著作，深入了解，乃驚覺「陳宏經驗」是台灣社會的一個「典範」，應加以宣揚，使其能影響，甚至啓蒙更多人。

二〇一〇年初，我開始構思要以何種方式寫這本書？想到「陳宏傳」（曾有二人要做，尚未啓動），但資料不足，又無取得管道，且「陳宏傳」的主述方向，與實際上的現況經驗有落差。因爲陳宏人生最精彩的一段在病後，層次能提昇到佛菩薩的境界也是病後，而這種近乎「圓滿」的完成，是在他的夫人劉學慧女士以堅毅精神，全力配合才得以達成的。因此，以「陳宏傳」爲主述，以陳宏爲唯一主角的寫作方向須要調整。

雙主角方式是比較正確的，所以本書在內容安排上屬「陳宏和劉學慧合傳」，原則上絕大多數篇幅仍按年代流序書寫，方便理解傳主之生命流程和因果關係。

我雖有寫他二人合傳的企圖，但因資料不足，又不能進行訪談，所以實際上本書不可能寫出兩位主角的全部人生，只能說我抓住核心，寫出他二人的「關鍵性部份」。

本書之研創方法，如同陳宏對著一齣經典戲劇的演出，手持相機找最好的對象和角度，拍出最具真善美的攝影作品，這是一種「藝術再創作」方法。

少部份資料參考人間福報和漸凍人協會會訊，電腦網路也是取材途徑，惟可靠性較低，須經查證比對才能運用。

本書另有二個附錄，年表和陳宏著作略覽，相信也是研究傳主、了解傳主一生歷程，重要而簡便的方法。只是在陳宏著作部份，他大多數作品只在報章雜誌發表過，尚未編輯出版。是故，本書所列陳宏作品，並非他的全部，特此說明。

漸凍勇士陳宏傳

——他和劉學慧的傳奇故事

目次

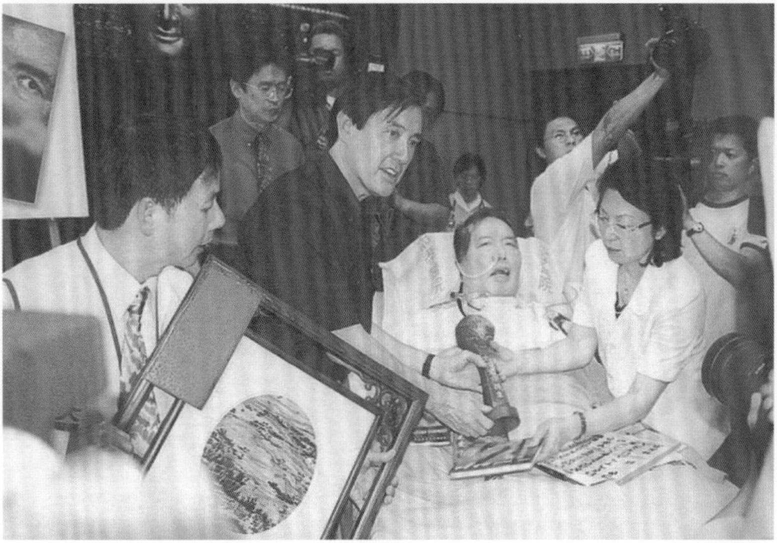

馬英九市長親自把周大觀文教基金會創辦人周進華先生贈與陳宏的「全球熱愛生命」獎座，送到病榻前，陳宏夫人代表接受。後立者為馬西屏教授（劉英台拍攝）

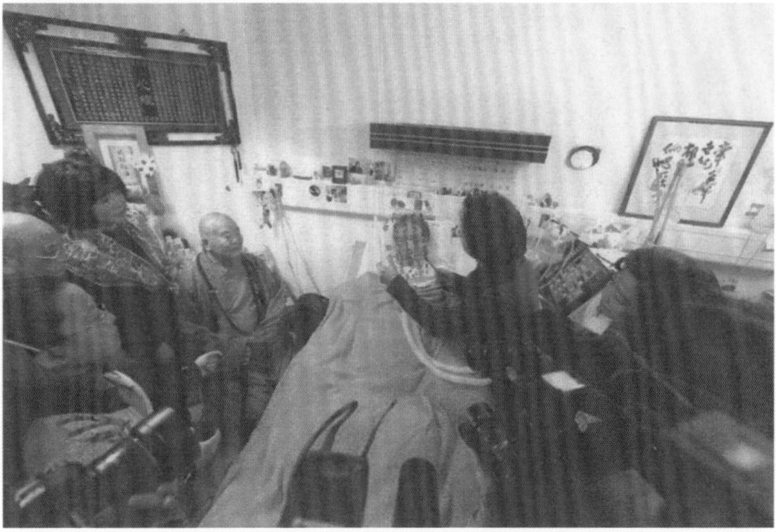

佛光山開山宗長星雲大師光降病房

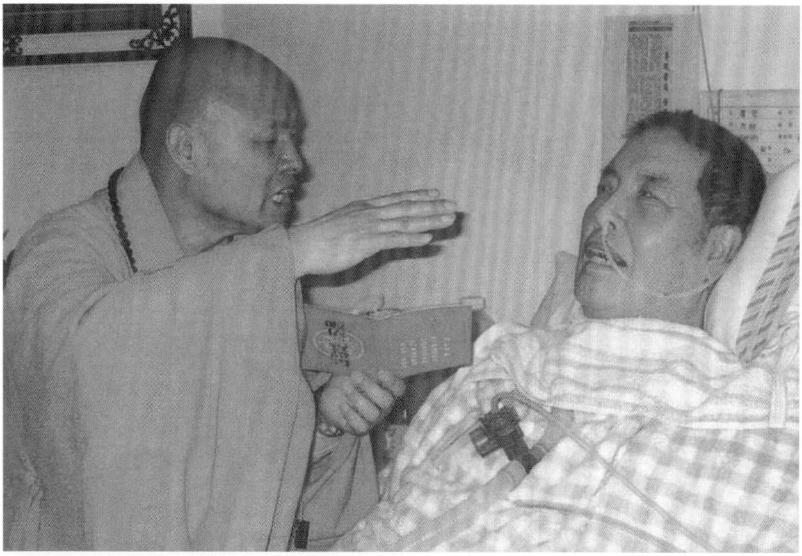

承心定大和尚光駕，代星雲大師為陳宏在病榻旁皈依

《人間福報》總編輯妙開法師率領部份法師及工作幹部，集體來看陳宏，暢談編報心得，並為陳宏祈福。

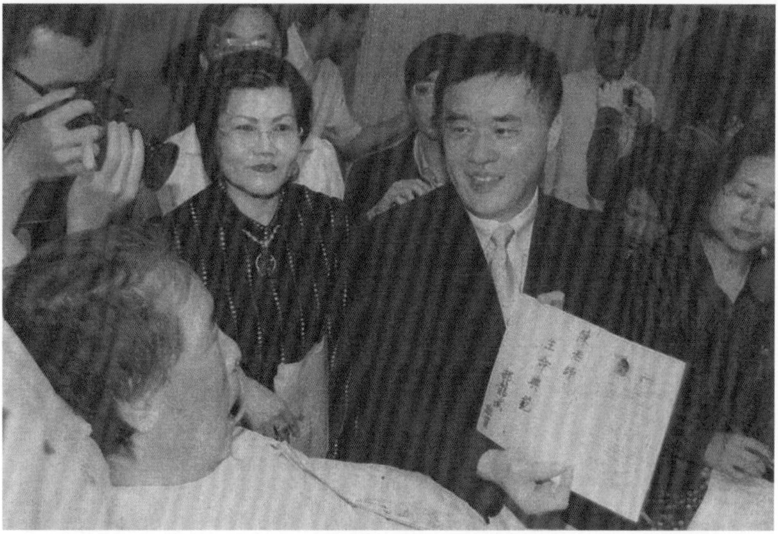

台北市長郝龍斌參加陳宏第六本書《自在的少水魚》的新書發布，寫下「生命典範」四個字送給陳宏。

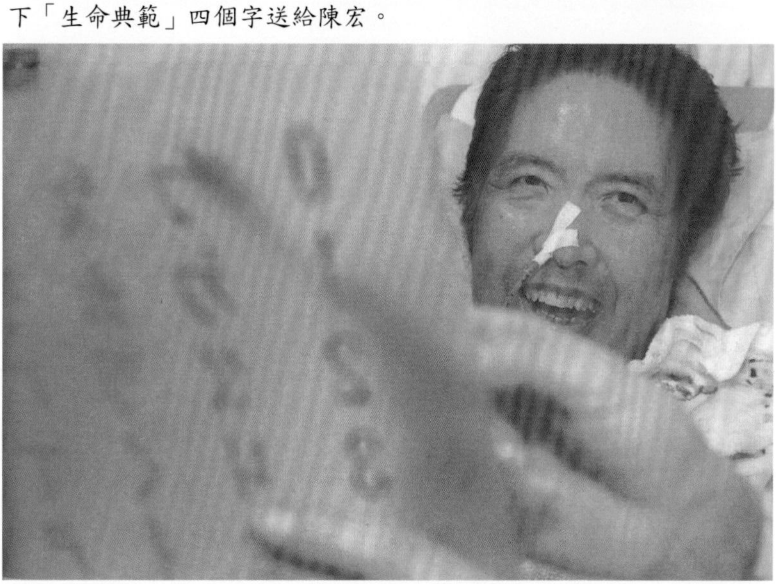

陳宏全身癱瘓，口不能言，但寫作是他的興趣，他的妻子劉學慧特地製作注音版，供他以眨動眼睛，選定符號拼成音，再翻成字，過程繁雜，可是陳宏一個個的字就是這樣表達出來的（蔡榮豐拍攝）

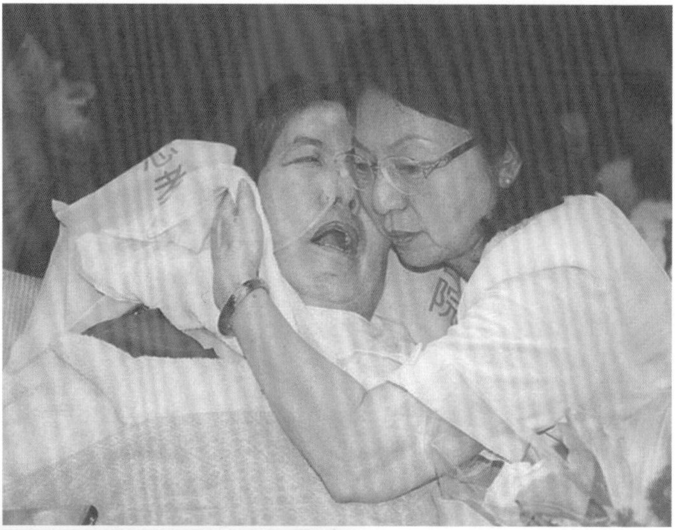

上圖：陳宏床邊的無言叮嚀（劉英台拍攝）
左圖：中國時報資深攝影記者王遠茂先生獨得「卓越新聞攝影獎」，作品攝於陳宏新書「生命之愛」發表會，周大觀文教基金會並贈陳宏「全球熱愛生命獎」，陳宏的四個孫輩依序吻頰，這是小孫女陳昕親爺爺的頭。背景佛像是攝影家蔡榮豐先生攝製的大型海報。

陳宏的文思，經劉學慧的紀錄傳達出來（蔡榮豐拍攝）

陳宏與劉學慧夫婦在美國德州州政府前合影

托兒帶女，長子大誠、長女心怡、么兒大謀

想當年的合家歡，當時么兒尚未成婚，小孫女還沒出生

參與國軍新文藝金像獎競賽評審後與軍中長官合影，
著長衫者為攝影大師郎靜山

應邀演講時，陳香梅女士也在座

上圖：在青海草原欣見牧牛活動其間，深感天地的造化無窮

左圖：受邀在扶輪社演講時留影

1995 年 4 月，台灣作家由黃天才領隊，首次參訪澳洲四大城市。4 月 13 日造訪雪梨，以歌劇院為背景合照留念。前左起：姚曉天、沈靖、王保珍、姚家彥、張默、張麗珠、徐賓遠。後左起：魏甦、朵思、書戈、黃文範、胡覺海、應未遲、陳宏、陸秉川、劉枋、潘霏、湯國華、郭嗣汾、郭海霓、黃天才、謝以文。（楊平攝）照片翻拍自：魯較、張默、辛鬱主編，「文協 60 年實錄」（台北，普音文化事業有限公司，2010 年 5 月 4 日），頁 423。

陳宏獲頒文藝獎章時接受當時中華電視台江素惠小姐的訪問

下圖：病房的護士群在護理長王麗芬帶領下，
祝陳宏父親節快樂

左圖：青春年華時……

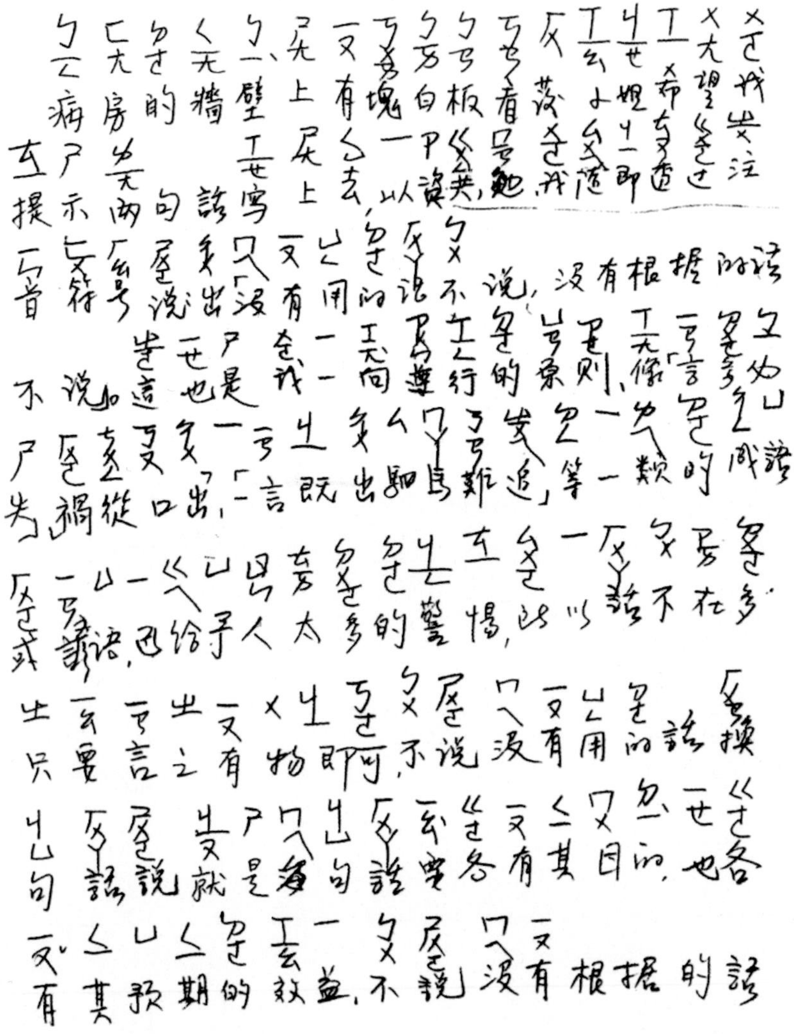

病房的牆壁上有塊白板看護小姐希望我
提示兩句話寫上去，以資共勉，我隨即道出注
音符號說出「沒有用的話不說，沒有根據的話
不說」這也是我一向遵行的原則，俗「言多必
失」、「禍從口出」、「一言既出駟馬難追」等一類的成語
或諺語，已給予人太多的警惕，所以話不在多
只要言之有物即可，不說沒有用的話，換
句話說就是每句話要各有其目的，也各
有其預期的效益，不說沒有根據的話

口不能言，手不能寫，身如頑石，心似飛鳥。陳宏通過「眨眼」，由溝通者找出注音符號，再整理成手稿。通常一個字，約眨眼六至十次，真是字字皆辛苦。

第一章 在那遙遠的故鄉，他們從漫天燹火中走過來

二〇一〇年的「九一八事變」前一段時間，我早已讀完台大教授齊邦媛名著「巨流河」，這一天我正準備要開筆寫陳宏和劉學慧的故事，又把「巨流河」拿出來隨興翻閱。我只是要更能貼近他們相同的時代背景感覺，如同自己也身歷其境的一種臨場感。

齊邦媛在書的序說到，「中國人自二十世紀開始即苦難交纏，八年抗日戰爭中，數百萬人殉國，數千萬人流離失所……我在那場戰爭中長大成人，心靈上刻滿彈痕。」。

陳宏和劉學慧也是從那遙遠的故鄉，走過漫天燹火，以其劫後「餘燼」，在小島上重新燃起如佛菩薩之光照，這是一種怎樣奇

二十多歲時

異的生命旅程？

一、出生．獲鹿．戰火

這本書要講的男主角陳宏先生，也就是現在被稱爲「漸凍勇士」的漸凍人，實際上已是「已凍人」。他出生於一九三二年農曆元月一日的河北省獲鹿縣，「獲」（讀音懷，ㄏㄨㄞˊ）。

陳宏的妻子，本書要書寫的女主角劉學慧女士，小先生七歲，一九三九年農曆七月十六日出生在天津市。按時序推演，先從陳宏講起。

二十世紀的赤縣神州大地，已是上個世紀苦難的延續，陳宏出生前的很多年裡，遍地烽鼓，苦難的子民感受到的是無始無終的苦難。

然而，陳宏碰到的是那一把火。

民國二十年九月十八日，日本關東軍自將南滿鐵路柳條溝段炸毀（此即「柳條溝計畫」），誘稱我國軍所爲，向瀋陽北大營駐軍進攻，這就是「九一八事變」（亦稱「瀋陽事變」）。

次日，即十九日瀋陽失陷。五日之內南滿要地盡入敵手。十月吉林代主席熙洽降敵，十一月日軍進攻黑龍江，十二月西犯遼西，再北攻黑龍江。

二十一年元月二日錦州失守，二月六日哈爾濱淪陷。而另一方面，民國二十年十一月，日本脅誘匿居天津的滿清遜帝溥儀到東北，次年三月成立「滿州國」。

日本製造「滿州國」。恐引起國際列強之鼓噪，致妨礙其行動，關東軍乃發動「一二八事變」，以轉移西方強權的注意。民國二十一年一月二十八日，日本海軍陸戰隊四千餘人，向上海閘北發動軍事攻擊，遭遇我國十九路軍英勇抵抗。

大約是在「一二八事變」前後吧！太行山山麓的河北獲鹿小縣城裡，一家中醫診所裡降生了一個男嬰，取名陳宏，父陳仁德，母陳王氏。在後來陳宏寫的文章裡，美稱自己父親是一位「儒醫」，陳宏上有三個哥哥，一個姊姊，下有一個弟弟，也算是人丁頗旺的家族。

獲鹿在那裡？這是一個怎樣的地方？陳宏和劉學慧已離開故鄉半個多世紀，兩岸開放後陳宏曾回去。但自從陳宏病後，這十多年來，只能靠想像力，運用還算清醒的意識忖度著故鄉種種。或聽在台灣唯一現仍在的同鄉曹煇談故鄉往事及現況。

筆者爲寫本書自然是要搞清楚。那是一座中國有名的古城，隨著廿一世紀吾國的崛起，已將成爲一座蘊涵千年古味的現代化城市。

在春秋戰國時代這座古城叫「石邑縣」，隋代改稱「鹿泉縣」，唐代稱「獲鹿縣」，隸屬正定府，元末屬州鎮。此後一直都叫獲鹿，且現在的省會石家莊建市前，不過是隸屬獲鹿縣的一個小村莊。

獲鹿縣於一九九四年改稱「鹿泉市」，隸屬於石家莊市（等同縣級）。改制後的鹿泉市，目前下轄八鎮（獲鹿、銅冶、寺家莊、上庄、李村、宜安、黃壁庄、大河鎮）、四鄉（石井、白鹿泉、上寨、山尹），一個省級開發區及二〇八個行政村，全市總面積六〇三平方公里，總人口三十六萬人。

鹿泉市地處太行山麓，東鄰石家莊，西部爲丘陵，東部是沖積扇平原、海拔一千米漸降到六十五米。氣候溫和，年平均溫度攝氏十三點三度，產大理石，多農產品，石太鐵路和石太高速公路（石家莊——太原），都穿過鹿泉市。

目前石家莊的市區也在向鹿泉市擴展，大學的新校區、新動物園，都在向鹿泉市範圍遷移，未來可能二者合而爲一了。

這是陳宏和劉學慧的故鄉，聽起來是多麼的遙遠！但又多麼的近，因爲故鄉的前世、今生與未來，必然永遠根植在他們的心田中，且早已發芽壯大。

二、陳宏的童年和青少年

陳宏在生病前並非很顯要的公眾人物，他自己一向行事也很低調，用他自己的語言描述就是「不群不黨」。可能因爲如此，便沒有「狗仔隊」挖他的過去；再者，陳宏年少時一人來台，他的童年和青少年也就幾乎無人知曉，筆者所能掌握資料更少。

但陳宏癱「凍」在病榻多年，難免也會童年憶舊，他自己曾在作品中提到一件童年經驗，筆者以爲那可能就是陳宏佛緣的因，大約是他四、五歲吧！

有一回他爸媽不知什麼原因吵架，越吵越大聲，他進房間想探個究竟，被爹趕出來，並從裡面把門關上。

爸媽仍在吵架。大概五歲的陳宏小朋友突然想到家中有觀世音菩薩，就在東廂房，他拿小板凳墊腳，從供桌上拿了一炷香，用火柴點燃，插在香爐中，又從小板凳走下來，到菩薩像前，雙手合十，口中念念有詞說：

「我爹和我娘關起門來吵架，不讓我進去，現在越吵越兇，請菩薩救苦救難下凡，不要他們吵了。」

這位可愛的小朋友，曾聽大人說起，若向神明祈求必須「跪香」，就像大人們在龍王廟求雨那樣，等香燒盡了，才能站起來。於是小陳宏也跪下，沒多久感到膝蓋痛、腿痲、不得不站起來。把小板凳搬到門扇邊坐下，背靠在門扇上，等待菩薩下凡，等著等著卻睡著了。

等他醒來，香已燃盡，爹娘也不吵了。但晚飯後，娘問有沒有動過菩薩的供板，原來媽媽上晚香時發現有異狀，小朋友據實以告，娘摟著他哭了，爹笑著摸他的頭。從此以後，爹娘就沒再吵過架，觀世音的神威，小陳宏在五歲就「見證」過了。

陳宏小時候體弱多病又瘦小，經常在吃藥。七歲上獲鹿小學時他排在最後一位，教室座位在前排，因個子小，頭就顯得大些，同學們給他取個外號叫「大頭」，或叫「陳大頭」，沒想到在台灣長成了彪形大漢。

但人生最牽掛的，還是故鄉。陳宏童年時的獲鹿故城已不存在，只存在心中，如夢，周圍有五華里，縣城有東、西、南門、無北門；東、西門有瓮城，東門供奉關公，西門供奉韓信，南門城樓供奉玉皇大帝；北門處無門，有一座北斗廟。

還有獲鹿小學旁的本願寺和七級磚塔，有風鈴隨風搖盪發出優雅樂者，如今城牆拆除，寺塔崩塌，獲鹿縣名，也成了鹿泉市。只有思鄉、懷念，是依舊的。

小學畢業後，陳宏進入獲鹿初中，他在各方面有神奇的進步，完全不同於小學時代的「陳大頭」。首先是身體變得強壯，大概發育好，他老爸又是醫者，知道如何調理。其次是他開始會用腦子，當時已抗戰勝利，剛開始流行半導體收音機，他學了物理基礎課程後，竟然自行用二極管半導體元件，組裝成一部小型收音機，同學們羨慕極了。

每個人的童年往事都是最美的回憶，二〇〇六年二月歲暮天寒之際，陳宏的小學同學也是唯一在台的曹煇先生，到醫院看陳宏，還帶來大陸老同學周治華、劉瑛珍、王守中等的祝福。尤其劉瑛珍手撰，周治華校過的「陳宏童年」一文。

當曹煇要離開，陳宏表示：「感謝老同學，把我帶回故鄉。」真的，人生還有什麼事比回故鄉更叫人滿足、滿意的。而人生最「純真」的，就是童年往事了。

三、劉學慧出生天津、全面抗戰第二年

民國二十八年，陳宏正是獲鹿國小二年級的小朋友，正是最純真童年的黃金時代。這年的農曆七月十六日，在天津劉學慧也來到人間，她的父親劉銘閣，母親賀淑真，學慧是長女。

劉學慧的祖籍也是河北獲鹿，所以陳宏和劉學慧的上一代或兩代，可能是認識的，因為獲鹿縣城在一九三〇年代前不大，人口也不多。這只是對這雙一生的感傷和幸福都

「掛在一起」的有緣人，一種「應然」判斷，並無「實然」查證的必要。

學慧出生之年，雖說是中國全面抗戰的第二年。但日本對我國的侵略行動，卻在民國二十年九一八事件時就已經開始了。就是說，我國自民國二十年起就已面臨國難，七七抗戰只是升高到危急存亡關頭而已。

所以，陳宏和劉學慧出生的年代，雖相差七年，但他們生於國難當頭，則無多大差別。

民國二十七年十月二十五日，武漢轉進，同月三十一日，蔣委員長告全國軍民說：我國在抗戰之始，即決定持久抗戰，故一時之進退變化，絕不能動搖我抗戰之決心。……

民國二十八年十一月十八日，蔣委員長再闡明「抗戰到底」意義說：我們抗戰的目的，率直言之，就是要與歐洲戰爭——世界戰爭同時結束……

可見蔣公之高瞻遠矚，深謀遠慮，在「抗戰建國」並行政策下，一面是地不分東西南北，人不分男女老幼，全面對日抗戰到底；一面是國家的政治、經濟、教育、文化……等各項建設仍須進行。也就是人們還是要打拚生活，學生也要照常上課，才能厚植國力，與倭寇打持久戰，直到最後勝利。

國家有多少苦難和戰爭，都是成人在承擔著，對於兒童想必感受的不多。當然，身處戰區或災區的小朋友們，也只有跟隨大人受苦了，但是小學慧在兒童時期似乎沒有吃到「苦頭」，她上她的學，有事父母頂著。

四、北京讀小學與劉爸爸家教的影響

劉學慧一生從事行政、管理和教職工作，沒有文字工作的記錄，有關她的行誼只有結婚五十週年「金囍」一書有少許可以參考。童年時代的情景，就有一點點浮光掠影，仍可窺知她童年一些簡短的「意象」。

民國二十八年農曆七月十六日，學慧出生天津，這天若在二〇〇八年則正好陽曆八月十六日。這個時節，天津和台北同是大熱天。

大熱天出生的孩子聽說性急，也許劉爸要磨磨這女娃兒的耐性，取了筆劃超多的名字「學慧」。似乎也靈，看她現今照料陳宏的樣子，真是超有耐性，若無學慧超人的耐性，陳宏哥病後的書，沒有一本可以完成、出版，劉爸予有功焉。

當時，劉爸在天津的一個紡織廠擔任會計主任，是個殷實的商人，也是文藝青年，喜歡讀書，閒時吹簫娛樂。家中也有豐富的詩畫藏書，學慧從小耳濡目染，自然領受到很好的藝文學養內涵。

大約在抗戰勝利後，她們家住在北京一座四合院中，學慧也開始上北京小學，她還記得那座四合院的東房是客房，接待家鄉來的人住；北屋借給一位老教授住。劉爸的作風，小學慧看在眼裡自然有影響，養成學慧一生慷慨包容，大方給人的性格。

學慧在北京只讀兩年小學（小一、小二），這時年紀約是七、八歲，好奇心和學習力正在啓動，記憶也最深刻。學慧印象最清晰的是佛堂，父母早晚拈香祭拜，敬天法祖的虔誠心是最好的孝道家教。但筆者以爲，這是日後學慧接觸佛教，最早種下的因緣。

她的父母怎樣教育小孩，幼年的小學慧想必也嘗過「苦頭」。當遇到孩子不聽話或犯錯，父母對孩子最大的處罰，是去跪在佛堂前懺悔，一直跪到肯認錯改過爲止。沒有打罵，也沒有太多苛責。

真好，能生在這樣的家庭，有這樣的好父母，不僅是累世修來的好因緣，才成就今世的好福氣、好幸福！父母的一切行誼和管教方法，必然對孩子一生產生巨大的影響。因爲人生一切成敗、善惡、功過，最後的決定性因素就是「性格」（科學語彙叫「基因」），而這種好性格、好基因的養成期，童年是最重要的基礎。

或務實的說，劉爸的家教和家庭氣氛，對孩子產生的作用，是人類社會中的「社會生活、人群關係」，一種有利的「天然條件」，有利於經營人生和事業。在學慧四十年的教職、教務和學務工作中，她幾乎沒有大聲斥罵過學生，都是用愛的教育讓學生自省。

五、全家南遷上海，讀小三是說故事高手

民國三十六年因時局關係，學慧隨父母舉家南遷到較安全的上海，她在上海讀小三上，對小朋友來說新環境總是不好適應。總有一段「彆扭期」。但小學慧幾乎立即可以溶入新環境，而且混的很好，混成了「老大」！

據她回憶那兒時情景，是怎樣的原因呢？她祖籍河北獲鹿，又在北京上了兩年小學，她能說一口京片子，到上海讀小學很吃香，學校有「國語」課，從北平（今北京）來的她很自然成了說故事高手。小朋友們都圍著她聽故事呢！真是好不威風！

學慧後來說，家中的「老大性格」影響她喜歡當小老師。住在上海的時間不多，大約是一年多吧！她和鄰居附近小朋友也混的很好，常常招集街坊小朋友，都她帶頭去玩遊戲，從小就埋下日後要當老師的伏筆。

但她記得，當時老師獎勵小朋友背枯燥而實用的尺牘，一種嚴謹而很有學問的傳統書信文體。她很快背完，全班第一個跑去給老師驗收，哪曉得老師竟說：

「不算！不算！這是上海，要用上海話背完才算數！」老師這樣說也「太超過了」，

明明上「國語」，怎又說要上海話！相信那老師不是故意我麻煩，而是有深意吧！要挫挫這位「老大小朋友」的銳氣。

讓我想起佛法禪宗六祖惠能初見五祖的場景與對話，當時惠能還是大字不識一個的鄉下老土，五祖問：

「你到這裡來幹什麼？」

「弟子是嶺南新州人，想拜大師為師，望大師慈悲收容！」惠能從容回答，並四肢匍地向大師頂禮。

「我就知道你不是什麼好東西！原來是嶺南野蠻的短嘴狗！有資格成佛嗎？」五祖弘忍故意諷刺他。

「人雖有南北區分，但眾生都可成佛，這人人都可以成佛的佛性，您我難道也有差別嗎？」惠能說者，早把四周圍觀的和尚驚出一身冷汗。弘忍大師心知佛門龍象出現了，心生歡喜，仍裝出一副嚴厲的樣子說：

「來求法還無禮，到廚房打雜吧！」

「弟子內心本就清淨無染，心無雜念，身無雜務，師父叫我去打雜，要打個什麼雜？」惠能意猶未盡。

五祖內心大驚，心想這年輕人太厲害了，不磨磨他，日後恐生亂子。乃大聲命令：「短嘴狗倒是伶俐，廢話少說，你去馬槽清掃馬糞，還不快去！」

就這樣，惠能在廚房打雜，清掃馬糞，不久他便是中國禪宗第六代祖師——六祖惠能大師。

當然，劉學慧不是惠能，那老師也不是五祖弘忍，但老師磨磨弟子的心思多麼相似。學慧雖未成某領域之大師，但作育英才四十年，桃李滿天下，也算成才成器了。

學慧回憶那段小三時代的趣事，是她生平第一次遭受的「打擊」。不認輸的她，硬是很快學會上海話，回應了老師，也突破了自己的挫折。

我國於抗戰勝利後，原以爲許多人可以回到原有的家鄉，開始收拾破山河，重新建設。沒想到又碰到中共叛亂。（其實中共從建黨建軍開始就是叛亂行爲，只是抗戰勝利後已坐大，升高爲全面叛亂。）

民國三十七年四月十八日國民大會第一次會議，「動員戡亂時期臨時條款」完成制定，但那時候流行共產主義，全面內戰早已開打，才結束外患，怎麼內亂又來了！

「此地不宜久留！」很多人開始又要逃難了，劉學慧的爸媽，陳宏（十七歲了）和他的老闆，都在做逃難準備，目的地都是台灣。

第二章　一九四八、一九四九、台灣新生、良緣結成

民國三十七年，十七歲的陳宏，十歲的劉學慧，一個跟隨老闆，一個隨父母全家，這兩位小同鄉，竟不約而同的到了台灣。

五年後他們認識了，再五年民國四十七年，幾世修來的良緣終於結成夫妻。一切都那麼美好，有如天成，婚姻是另一段新生活的開始。

一、一九四八、渡海、太平輪

「一九四九」，對廿世紀乃至廿一世紀的中國人，是怎樣的一種「圖騰」？多少複雜與傷痛的情緒？多少

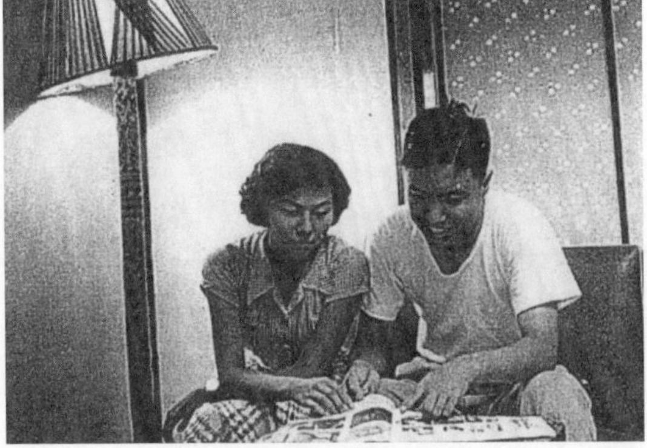

其樂融融

尚未能公平合理詮釋的爭議？更多的是人民不知道真相下顯現的驕傲與頌揚！被統治者的謊言矇騙下自以爲是的得意……。說不清楚，講不明白……。

近幾年來我與兩岸文藝界朋友，聊起兩岸一些重大爭議，皆告以「等這個時代結束，下個朝代學者爲前朝建史，那時的論述才算數，我們現在講破嘴也不算數，且多說有傷。」這是我國對時代爭議的「最終解決」，如宋朝結束，元朝史家寫宋史；元朝結束，明朝史家寫元史；明朝結束，清朝史家寫明史……古來各代均如是。

一九四九年蔣介石領導的政權丟了國土，但守住中華文化；毛澤東的政權得到版圖，卻丟了中華文化。若把視野放大到二、三百年以上，誰輸誰贏？誰又是篡竊者？就太清楚明白不過了。

我爲什麼要提這些？因爲這也是陳宏和劉學慧，以及更多人心中的「結」，視野放大後，很多「結」都有了解決之道。

陳、劉和他們的家人都不是一九四九年來到台灣的，他們倆都在前一年，民國三十七年比政府早一年先到台灣。一九四九和一九四八有什麼區別？反正是逃亡，是有別，一九四八先逃是「先知先覺」者，把場景再拉回上海，學慧讀小三上的時候。

劉爸爸對時局很敏感，嗅到國共內戰越來越不妙，他開始從大陸搬運大量中藥材，家中值錢的字畫詩書用柳條包裝好，於民國三十七年全家乘太平輪先到台灣，住在台北，做起了藥材生意，他有得力助手在大陸負責採購運輸。

開始的時候，生意好像不錯。劉爸找到一棟很大的日式房子，院落裡有結實纍纍的龍眼樹和其他果樹，還有一間大倉庫，堆著從大陸批來的中藥材存貨。那時從大陸來的中藥是台灣很稀有的好東西，他得以安居下來，學慧說那時他們日子過的還不錯，可見得劉爸是有生意頭腦的，給他機會，必成大企業家。

一九四九註定是中國人千載難逢的「劫」，劉爸的藥材生意順利上路不久，大陸快速山河變色，國軍兵敗如山倒，大逃亡潮一波波。一九四九年元月，劉爸在大陸負責採購的伙伴帶著大批昂貴藥材，乘上「太平輪」，不幸該船在舟山群島附近因超載失控與煤輪相撞，太平輪很快沉沒，那位伙伴和所有乘客共九三二人罹難，是謂史稱之「中國版鐵達尼號」慘禍。

貨源沒了，人材兩失，劉爸的沉痛無可形容。那時的男人都是家的台柱，拚老命也得把家撐起來，他收拾了藥材生意，重回老本行紡織，據學慧回憶，是一種織染工廠。在那兵荒馬亂的年代，要有一點謀生事業，確實很困難。

那奪走許多生命，深深打擊劉爸的「太平輪沉沒事件」，我附帶略說，這真是那大動亂時代中，原是可以避免而未避免的慘痛事件！

「太平輪」在那時，是中聯輪船公司的客貨兩用輪，二四八九總噸，由蔡天鐸（藝人蔡康永的父親）所經營。每週定期往返上海、基隆，劉學慧父親帶著全家渡海來台，就是太平輪一九四八年的航班。

一九四九年元月二十七日，是除夕前一天，太平輪由上海開往基隆。可能難民太多，全船貨物以外擠了約千人（有票位五〇八人），又爲避免敵火攻擊，選擇在夜間航行，認爲是比較安全。

是夜，太平輪航行到舟山群島附近白節山海域，船開始大量進水，超載太多失控又撞上另一艘二七〇〇噸的「建元輪」，那是運木材和煤的貨輪。短短的十餘分鐘，太平輪沉沒，九三二人罹難，慘啊！

一九五一年基隆東十六碼頭，海軍基隆後勤指揮部內牆立有「太平輪遇難旅客紀念碑」。遇難旅客中，包括神探李昌鈺之父和名球評張昭雄之父，還有劉爸的伙伴和希望。

二、父喪、母病，孤兒寡母隨世交好友搬苗栗

學慧的父親劉銘閣先生，收拾中藥材生意後，改做紡織（學慧的記憶是一種帆布織

染工廠），尚未有起色便得了肝病，這是一種過勞的病。

確實，帶著全家逃出「地獄」，到一個比較安全的地方落腳，把家安頓下來，那種勞心勞力是多麼悲苦，天真的小朋友們是不會理解的。當然，中年重起爐灶也很辛勞，動亂時代又加上醫療不發達，學慧自述說命運折磨讓孩子超齡長大。

劉爸又把工廠賣給合夥人，準備要安靜好好養病，這場病沒有拖太久，劉爸以四十六歲英年就離開了心愛的家。小學慧記得那年，弟弟七歲，妹妹才一歲多走路還不穩，而自己是十一歲，也還是個小朋友。這應是民國三十八年底到次年上半年的事，因爲十一歲的學慧已有「長姊若母」的心理準備。

失去男主人庇蔭的劉家，隨著當警察局長的世交好友搬到苗栗，學慧後來形容說「孤兒寡母」好有個照應，小學慧讀苗栗建功小學，學業上沒有受到搬家的影響。而那位有「孔明仁德」，能照料朋友遺孤的警察局長，姓范，對否小朋友並不清楚，孩子們都叫「ㄈㄢˋ伯伯」，不論他姓什麼！他是個有好心腸、受敬重的人。

但世事難料，人生無常，有時候真的會碰上「屋漏偏逢連夜雨」。就在劉爸過世隔年，劉媽賀淑貞女士發現自己得了子宮癌，現代人聞癌變色，何況在那半個世紀之前！幸好劉媽是個勇敢又堅強的女人，並不絕望，她靠賣字畫來養病。在學慧十二歲那年（小六上學期快結束），劉媽勇敢的獨自從苗栗到台北動手術。一個家裡，爸爸走了，媽媽到很遠的地方治病，只有三個小朋友在家裡，要如何過活?現代人很難想像。但筆者百分百感同身受（我是劉學慧經驗的「男版」，所以當我看了她的故事，深受感動，回想自己小時候，我十歲就帶著兩個小妹單獨生活，這是我願意花時間寫陳宏和劉學慧故事的動機之一。）

十二歲的學慧已是「長姊若母」，她帶著九歲的弟弟（民32年出生）、三歲的妹妹（民37年出生），日子一樣正常的過（有一點通權達變啦！）

早上三人一起上學（三歲的妹妹不能單獨留在家中，先送弟弟進教室，妹妹則帶到自己的教室一同上課，她向好心的魏老師報告，給妹妹搬了張椅子，坐在她旁邊，一直陪著上課到放學，再帶弟妹三人一起回家。

寫到這裡，想那場景，又讓我想到早年台灣有一部台語電影，叫「流浪天涯三兄妹」，真是賺人熱淚啊！學慧沒那麼慘啦！那位好心的苗栗建功國小魏老師，我們要向她致敬，能讓三歲娃兒在教室（上課時），她沒有搬出什麼規定爲難孩子，就是一種幫助。

放學回家後，學慧要洗衣、燒飯，照顧弟弟妹妹吃飯、餐後洗碗筷、整理家務、哄妹妹睡覺、給弟弟看功課。……剩下的時間，她知道自己要努力上進。

學慧在建功國小成績很好，常名列前茅，她在苗栗建功國小畢業時拿的是鎮長獎。古今中外「孤兒寡母」史事，都是充滿悲情，與受欺侮的情境，更多的是孩子不學好，走入歧途。最後毀了那個家，孩子長大成爲社會的大問題，現在很多單親家庭皆如是。

但學慧提到自己小時候「孤兒寡母」情境，並沒有悲情氣氛，而是勇敢、積極的面對、承擔。這當然各種好的因緣和合而成，好心的警察局長伯伯、建功小學魏老師、鄒同學的媽媽等，這一家人的勇敢、爭氣是最重要的原因。

三、建功小學畢業，考上北一女初中部

前節提到劉媽一個人勇敢的到台北動手術，把三個小朋友留在苗栗。媽媽終於回來了，但因癌症需要長期後續治療。

台北的醫療畢境也比苗栗好，劉媽不得已在台北買了房子就近治療，這是民國四十一年年初的事。劉爸爸留下一些值錢的字畫，加上自己的細軟，那時台北的房子價錢不如現在的「可怕」，所以找個棲身之所不難。

問題是孩子又要跟著轉學北上，那時小學慧正讀小六，而且只剩半學期要畢業了。

那時升學主義掛帥，競爭非常強烈，老師建議劉媽，剩下半學期要考初中不要轉學。那時上初中要參加所謂「聯考」，筆者民國五十四年小學畢業，也是參加初中聯考。

最後有鄒同學的媽媽同意讓學慧借住她家，直到畢業參加台北市聯招。說來劉學慧對讀書是有些天賦的，因爲她要花不少時間做家事、照料弟妹，他小學畢業（民41）竟拿鎮長獎，而且一舉考上北一女初中部。

那時苗栗建功國小可能是空前的消息，劉學慧考上北一女初中部，轟動全校（就算現代也是轟動），因爲那是全省所有菁英少女，同台公平競爭勝出者才有的機會。

她的老師高興的逢人就說：「我這班考上北一女的升學率是百分之百喔！」學慧後來在「金囍」金婚紀念集詮釋說：「當然囉！一人去考，一人考上，百分百還真不假呢！」

那位好心有好報的鄒同學，最後因爲「收留」她而兩家成了親戚。劇情略記，鄒同學的表姐在送便當給妹妹的時候，巧遇學慧的舅舅，倆人擦出愛情火花，結成好姻緣。這種令小女生雀躍浪漫往事，七十歲的學慧還記得清清楚楚！

學慧回憶她在北一女的情景，她說穿上綠制服的她在其中一點也不出色，體育還不錯，功課平平，但英文是她的致命傷。想來學慧也不是全能、萬能或完美的，本書寫作上採平實風格，避免把「主角」神格化，她弟弟劉新秋在「金囍」一書，對姊姊倒有一段平實而真實的回憶：

> 姊姊從小品學兼優，國小導師魏梅妹是全校高年級班最嚴厲的，要求姊不但要全班第一，而且也要全校第一，姊姊總是做到了，但受處罰也比別的同學都多，或許因此奠定了姊一生的定位及目標，任何事一定要做好，還要更好！

學慧確實很早奠定她的人生定位和目標，進北一女後，她就設想下一步路。她是家中長女，爲減輕家中負擔，也爲將來想當老師，她決定畢業後報考台北女師。

初三的課業繁重，壓力很大，她卻毫不爲苦。因爲，這時候她生命中的「真命天子」，已經出現。

陳宏，這位本書的男主角，自從一九四八年跟著老闆到台灣，至少已過六、七年了，他始終沒有現身，他「匿居」在花蓮。當學慧讀北一女初中部三年級時，陳宏約是廿三歲的有爲青年。

他們愛之神就要降臨了，那是個早婚的年代，女孩子初二、三談戀愛，高中或大學一畢業就論婚嫁，是很正常的事。

四、小妮子有了男朋友・台北女師

學慧讀北一女初三時，課業重而不以苦，是因爲出現了一股精神力量，白馬王子陳宏這時進駐這位少女的心中，有了愛情，一切都是美好的。

那時的陳宏既非學識淵博的老師，也不是一流的攝影大師，更不是什麼戲劇評論家。他後來那些驚人的才華，這時一點也看不出來，「搞不好只是個長青春痘二十出頭的傻小子」，這是「金囍」紀念集描述的（該書總編唐健風、文字編姜捷、執行編田文輝，應是他們三人共同的判斷。）。確實，我自己在二十好幾時，還是愣頭愣腦的樣子，搞不清楚狀況，摸不到方向，啊。那青澀的年華！

陳宏少年跟著老闆到台灣，一直在花蓮工作。

在一次赴台北拜訪家鄉世交的長輩王爺爺說：「劉銘閣的女兒很不錯啊！小學沒畢業，就能一手帶著弟妹過日子。」而且王老闆早已打聽到，學慧這孩子功課好又能幹，更重要的女孩子要有乖巧體貼的個性才好，不要能幹成爲一種強勢，甚至霸道，那就不妙了，她的各種「好」早在鄉親之間廣被傳誦，口碑好到不行。這樣的好女孩，真是打著燈籠也找不到了！

由長輩安排兩人相識，陳宏一眼就看上這位氣質出眾的少女，「等她長大」成爲他努力的目標。從此，立即施展他最專長、最迷人的「情書」攻勢。在那個年代（筆者亦同），談戀愛都靠寫情書，而且每封情書編號，一年寫個三、四百封情書，是很平常的事，創作能力由此而得到啓發和訓練，這也許是個「附加價值」。現在的孩子這種能力已經「退化」，甚至「蛻化」！

高大英俊的陳宏並不是立刻擄獲學慧的芳心，而是那些細水長流的情書讓她真正動了心。事實上，聰明的男生都知道「女人愛她身邊的男人、近水樓台先得月」。是故，以連續不斷的情書，來縮小打破空間距離的限制，是必要乃至唯一的方法，若不讓女友天天收到情書，極難「攻破」她的防線——除非你不愛這女孩！

初中畢業，學慧順利考上台北女師，她自己說音樂、勞作、體育、童軍等各科目都平平，只有人緣較好。但她的同學都知道她人緣最好外，還有超強的領導能力和協調溝通能力，是班長的好人選。到底「真相」如何？得找人來「認證」。學慧的女師同學張士華稱她是「台北女師五十三班永遠的班長」，一位叫李蘋的同學說：

跟學慧同學是在民國四十四年入學台北女師開始……吃大鍋飯、睡大通舖、洗大澡堂……認識陳宏，是因學慧跟他約會時，偶爾會帶著我們當電燈泡。進一步欣賞陳宏的文才，是因為我們起鬨搶學慧的情書來看。閉上眼，輕狂、嘻鬧的景像猶在眼前，張開眼，人生已然半世紀。

這些回憶都在「金囍」紀念集中，鮮活的讓青春重現在當下，人生真是奇妙！不過那位叫李蘋說的「吃大鍋飯、睡大通舖」，是確實的；但「洗大澡堂」可能記錯了，我的記憶認知中，只有男生才有這種情景，台北女師（或任何女性團體）怎可能讓未成年女學生洗大澡堂，每個人脫的光溜溜，不可能，除非……還有一位女師同學叫張鳳揚說：

學慧是公認的美女，當然有許多男士們拜倒在她的石榴裙下，所以情書滿天飛。每天晚自習就是情書大公開時候，她每讀一封，就讓我們捧腹大笑。但是她的白馬王子陳宏的情書，她從不公開……。五十年的愛情，真是歷久彌新，創造人間不平凡的故事。學慧是陳宏的代言人，是陳宏的眼、口、手、足，學慧的愛情，令天下人感動，更讓世人學習夫妻相依相伴，直到永遠。

現在學慧和當年台北女師同學們，早已是個銀髮阿嬤了，年紀都在七十以上，兒孫滿堂。但她們的女師生活，在她們的心中，相信是永遠青春美麗的故事；有一天，在她們兒孫心中也會是很想要打聽的「神話」故事。

五、山盟海誓、信守終生、此情永不渝

身爲一個作家的我，必然有一種「職業敏感度」，總是「貪婪」的，如一條機場或港口的警犬，到處聞、看，企圖獵捕好的題材。「作家只是寫他身邊的事」，確是如此，我所寫不論那類作品，政治、軍事或科幻，不過是自己所見、所感、所知，加以不同方式處理罷了！

有段時間我研究社會問題、婚姻、外遇，解析其現象和本質，對台灣的「婚姻市場」我有相當程度的理解。我刻意觀察結婚二、三十年以上的夫妻，當初的海誓山盟到中年後仍「此情不渝」者，竟找不到一個實例可以讓我爲他們下筆。直到近一、二年，我聽到陳宏和劉學慧的故事，我的直覺告訴我自己：人間真實存在的「神話典範」出現了。

「系金ㄟ啦！」，陳宏和學慧，一個在花蓮，一個在台北女師，他們透過一封封的情書傳情意，打破時空限制，談了三年純純的愛情。

女師畢業，學慧原本該分發到高雄糖廠的小學任教。如此這般，就離花蓮更遙遠了，她鼓起勇氣乾脆提出申請，設法到花蓮任教。

家教甚嚴的劉媽媽認爲一個女孩家，千里迢迢的跑到男朋友工作的地方像什麼話。如果兩人都這樣相愛，不如就早點結婚吧！

民國四十七年，陳宏二十七歲，學慧七月剛從台北女師普通科畢業，二十歲生日才過，八月十六日就當了陳宏的新娘。學慧得了全班「冠軍」，更得了一個「成熟穩健的有爲青年」做靠山，陳宏人長的挺拔瀟灑，真是羨煞了台北女師同學們。

原來她們班上早有約定，誰是第一個嫁出去的，就有「獎品」可拿。學慧拔得了頭籌，全班送了一個紅色「冠軍」錦旗，並請導師李莊肅老師在婚禮上頒發。這場景如今憶起，竟像一幕經典老電影。

據台北女師五十三班同學的共同回憶，二十七歲時的陳宏，已是才華出眾、品貌兼優，還有體貼過人，溫柔有禮。想來，陳宏的特質和天賦，已慢慢洋溢，並向四周擴散。

時間匆匆過了五十二年，二〇一〇年的九月六日我到忠孝醫院看陳宏哥，也向學慧師姊求證一些問題。看著學慧照料凍結病床十多年的陳宏，那眼神、那體貼的心，竟如半世紀前的溫柔。當初的山盟海誓，至今不渝，這人間真實存在的動人故事，就在你我眼前發生的浪漫「神話」，我怎能不忠誠記實，傳唱後世呢？

第三章 婚姻生活與教學，陳宏顯露文學創作才華

美滿快樂的婚姻生活總是過的很快，這對金童玉女和很多雙薪夫妻一樣，在各自的工作崗位上努力打拚。男的整天忙事業，太太上下班，守著這個家。接著孩子一個個出生，把父母都催老了。

約從陳宏和學慧結婚後，到民國六十七年的二十年間，他們除家庭生活的經營外，學慧任職於多所國小、國中老師，至民國五十七年調介壽國中。

陳宏創業有成，民國六十五年升凱旋工業股份有限公司董事長。文學創作方面，最早有作品問世是他三十六歲時，著

十七歲的陳宏

名的兒童文學「太平年」出版時已三十九歲。

本章書寫的時間，約從他們婚後到民國六十七年間的二十年，對陳宏言，這是他文學藝術創作的起步階段。

一、學慧任教花蓮明義國小，陳宏是「稀有物種」

小倆口八月才結婚，因陳宏工作在花蓮，學慧八月就到花蓮明義國小報到，擔任五丙導師。這對新人給明義國小小朋友們，帶來很多快樂和美麗的回憶，這暫且不表。倒是，我開始發現陳宏很「神奇」的一面，他真是那個時代男人中的「稀有物種」。

第一個月學慧領薪水時，她向陳宏說：「媽媽辛苦獨力養大我們三姊弟，給我上最好的學校，好不容易才盼到畢業，就這樣嫁了，一點都沒有幫上媽媽的忙！」

大概學慧也沒有直說吧！或者只是一種感嘆！覺得媽媽養大她真是「虧本」了！陳宏竟以肯定，而又深情款款的對她說：「沒關係！我養妳，你的薪水全部寄回去，不用養家。」能做到這樣的男人，「常態」下判斷，大約二、三成吧！也就是「有」，但「不多」。

當學慧聽到陳宏這樣說，怎不感動？她淚水泉湧而出。有很長一段歲月，她都全薪奉養母親，她也感念陳宏的體貼疼惜。

還有一事，婚前將要娶她進門時，學慧也說：「我一直在讀書，不怎麼會做家事。」她真會丟問題給陳宏，幸好陳宏「兵來將擋、水來土淹」，他本來也是一個疼妻又有量的人。他安慰說：

沒問題！在妳進家門之前，我就會找到人幫忙。」果然，家中一直都有幫傭承擔所有家事，讓她無後顧之憂的上課，免費給學生課後輔導，不用爲家中經濟操心。

能做到這個程度的，除政商有錢人家外，一般家庭的先生絕大多數做不到。只能說「有」，但「極少」！我聽一個老朋友的太太說：「很想啦！不敢提。」確實，那個男人不想當大少爺？那個女人不想當「少奶奶」。所以，陳宏真是「稀有物種」！後面還有呢！

在明義國小任教的學慧，真的充滿著熱情。以往師範生畢業都先教低年級。但校長吳水雲看準劉老師的能耐，一進校就教五年級，一直帶到六年級畢業，當時升學主義的壓力也很大。

學慧爲減低學生的壓力，常帶小朋友們到家中吃喝玩樂，帶全班騎腳踏車出遊。六年級的時候，她挺著大肚子免費爲學生補習功課，陳宏也變成學生們親切的「陳叔叔」，就算頑皮的孩子在他們新婚大彈簧床上跳來跳去，愛孩子的他也不生氣，只是護著他們不要興奮過度，從床上掉下來。

學慧的「花蓮經驗」，後來得到最珍貴的「果實」，是以「花蓮明義國小第十五屆六年丙班畢業生」之名，在「金囍」紀念集上的一段話：

> 畢業至今已四十八年，歡慶敬愛的劉學慧老師七十大壽，班上同學從各地相聚於台北，重溫兒時的記憶，遠在國外的同學也寄來卡片溫暖了老師的心。
>
> 同學們有感於老師的辛勞與偉大，認購《苦，也是一種豐富》及《頑石與飛鳥》，轉贈監所當做祝壽賀禮，並探望親愛的師丈，一剎那兒時記憶——湧現。
>
> 難忘老師免費在她家幫我們補習，休息時，師丈更提供從台北帶回來的牛肉乾、巧克力等精緻點心，並適時的避開，而我們也不客氣的一掃而盡。師丈還帶我們這一班去看沈常福馬戲團表演，一張張泛黃的照片同學們如寶似的珍藏著。
>
> 我們這一班從小就受到老師和師丈的疼愛，真是何其幸運，他們的庇蔭照顧，讓我們一直有家的感覺，想撒嬌時、傷心時或高興時，永遠有一個窩期待著我們，就像師丈送我們的書，題寫著「有緣相識五十年」，我們非常珍視這份情誼。

我從「金囍」紀念集上，看到這一班半個世紀前的全班合照，一張泛黃的照片，應是小五或小六時照的；旁邊一張的現在來看老師和師丈的合照，也已從小朋友變成一個個阿公阿嬤了。這真是千年奇緣啊！

世上的珍寶，還有什麼比這情誼，這樣的師生之愛，更值得永遠珍藏在心中？

二、長子長女出生，轉進台北

有情人也終於有了愛的結晶，民國四十九年六月十二日，陳宏和學慧的第一個孩子，長男出生，取名大誠。這對少小離家來台，在台又無任何家人的陳宏，意義何等重大，這表示河北獲鹿陳姓族人在這小倆口努力下，已經在這台灣島上繁衍綿亙。

陳宏給孩子取名「大誠」，有他自己的思維深意。宏大、宏大，大就是宏的延伸，陳宏又特重誠信，希望孩子堂堂正正以誠待人，以誠服人。

確實，我研究陳宏這一生待人處事，惟「誠信」二字而已。故能兩袖清風，創出一翻事業（後述）。果然大誠這孩子深得老爸傳承的特質，他並非本書所要書寫的主要對象，我只先做個小小的交待。大誠沒有辜負父母的期待，也是一個非常誠懇踏實的孩子，又深具悲憫胸懷和服務精神，他在大學時代就參加一一九救難隊，也在救國團擔任重要幹部，現在（二〇〇八年）已是中華民國十字總會的處長，踏遍世界各地救世濟人。真是「陳宏精神」的發揚光大。陳宏身體雖已凍結在床，想必依然有會心的微笑。

更神奇的奇緣，二〇〇八年五月的汶川大地震，大誠隨紅十字會到四川救援，認識一位也是紅十字會志願者叫楊紅雷先生。牽動了兩岸同胞情，這是後話，本書會慢慢道來。

把話頭拉回一九六〇年，學慧要生大誠的時候。陳宏對妻子的愛意表現，又顯露出一種「稀有物種」情境，一般身爲老師都在公家醫院生產，可以申領補助金，陳宏卻不放心那時花蓮的公家醫院。他要愛妻在他信任的私人婦產科專業診所生產，即使花較大的費用又不能申領補助，陳宏也捨得。

出院後陳宏還特地請護士到家中給孩子洗頭洗澡，又請一位有經驗的歐巴桑，給學慧坐月子、補身子，完全沒有讓愛妻吃到生產的苦頭。對學慧言，這真是千年修得好命。

民國五十二年二月二十五日，陳宏夫婦寫下完美的滿分記錄，生下長女心怡，他們說心是慧的基底，也是一種傳承。「心怡」是陳宏的忘年之交駱香林先生所取，這位先生是花蓮有名的抗日英雄，曾不畏日人迫害，在禁止台灣人學漢文之際，他在深山上開私塾，偷偷的教中國詩書，傳承中華文化，很得里鄰敬重。我按電腦網路查「駱香林」

資料，他已過逝（一八九五—一九七七年）。

陳宏在《苦，也是一種豐富》書上，「質樸恬靜，久違了」這篇文章，提到他和駱老的交誼。駱老原住新竹，後遷花蓮，國學根基深厚，石藝和攝影都有上乘境界。台北市立美術館寄給陳宏一本駱香林的《躡影追飛》（約二〇〇七年時），精裝一巨冊，陳宏如遇故友，那種久違的質樸恬靜氣氛，像是撲面而來。

原來也因愛好攝影，陳宏和駱老成了忘年交。常在假日追隨駱老，在花蓮鄉間騎著腳踏車，到處攝影，同行者還有一位叫黃式淦先生的。陳宏說，照不照相並不在意，主要是想接受一些君子之風，溫良恭儉讓的薰習。這叫我想起一位長者說過一句，「鳥隨鷹鳳能飛遠，人伴賢良品自高」，陳宏，聰明啊！

「心怡」這名字多麼優雅，學慧得意的說，後來引起一陣跟風，好多人都叫心怡。這孩子人如其名，貼心又讓人放心，她讀書、做人、工作，都叫媽媽很放心。一路表現優異，曾任教於東華大學國際企研所，她在「金囍」書上說，「爸媽前世就是夫妻」。若然，陳宏和學慧可能是「七世夫妻」，不知已幾世了！也許今生緣再續，來世仍是夫妻。

話頭再拉回一九六三年，心怡將滿週歲時（次年），陳宏因公司的擴張調到台北，學慧也從花蓮明義國小轉至台北市西松國小。

台北商場文化和純樸的花蓮大大不同，再也不是騎腳踏車到郊外攝影了。他開始有不少交際應酬，而且晚歸。

學慧下班後，一個人守著家，也覺得冷清、無聊，她心中在想什麼？她想做什麼？

三、學慧考上實踐家專，陳宏的第一篇文學創作

小倆口開始過著另一種形態的台北生活，陳宏開始有些交際應酬、晚歸等，倒是學慧說她不擔心，陳宏不貪杯也沒有不良習性，只是晚上在家覺得清冷、無聊。

學慧這時已是兩個孩子的媽媽，但她心中想的，其實很想找機會再讀書。她鼓起勇氣詢問丈夫的意見，多數當男人的一定會同意，但也只是「同意」，並無（或少有）積極的進一步協助作爲。陳宏又發揮他「稀有物種」的愛妻特質說：

「妳就考考看吧！考得上就去讀，孩子不用擔心。我會請保母帶。」

民國五十三年，學慧真的考上了實踐家專家政科夜間部。此後好幾年，學慧過著白天當老師，晚上當學生的生活，孩子和家事，暫時由保母幫了大忙。

而陳宏在台北市，開始發揮他的企業經營長才。民國五十五年，陳宏已是凱旋工業股份有限公司經理，相信很多人都用「凱旋牌熱水器」（筆者是），這是一家老牌公司，

產品好（筆者家中一部凱旋熱水器用廿五年），信譽也好，十足反應經營者的「企業文化」。

陳宏任凱旋經理的第十年，一九七六年升任董事長。此後，陳宏這個董事長一直當到二千年生病倒下時。若暫時回顧陳宏的一生事業，他始終是一位「專職」的企業經營者；至於他擔任大華晚報主筆、世新傳播學院教授、中國郵報「攝影雜誌」總編，乃至成爲名作家等，都不過是「兼職」。

只是他的每一項兼職，都超過專職的專業水平，而進入了文學、藝術的境界。這是「天份+努力」的結果，而他只有初中畢業，這就是一個人之所以讓人佩服、敬仰的地方。他在凱旋公司的專職爲家庭帶來不錯的經濟基礎；那些兼職使他的人生發光發熱，甚至達到上乘（大師級）格局。到陳宏出版《生命之愛》時，他已接近佛的慈悲（後述，二〇〇四年）。這是何等天緣？又要何等修爲？

在本章我要從陳宏的第一篇創作談起，這是他顯露文字書寫才華的第一篇作品。**（註：針對陳宏已正式出版的作品，尚未出版的未可知也。）**民國五十六年七月三十一日，陳宏發表他的文學人生處女作「打燈籠」，是他收錄於「瓜棚豆架下」（張澄子主編，有容文化，二〇〇一年十二月）一書中，四篇憶兒時作品之一，約是兩千字的散文，回憶他兒童時期看迎親喜事的熱鬧過程。我在兒時（約民四〇、五〇年代）看人取親的場面，似乎和陳宏兒時所見差不多。

爲什麼陳宏的開宗明義第一篇，寫的是憶兒時的「打燈籠」？想想此刻陳宏離家已二十年，思故鄉之情，想爹娘之切，多麼悲苦！只好在文字上昇華：

> ……才到街上，就看到了卞大伯的門口鬧轟轟地，門口掛上了綵綢，吹鼓手也來了，在大門洞的旁邊支了桌子，什麼鑼啊！鈸呀！嗩吶呀！都擺在桌子上……李家莊的舅舅，張家村的姨母，城東的姑姑，城西的表哥都來了，吹鼓手已經吹了好幾遍……

陳家在獲鹿定是個大家族，常有熱鬧的喜事或廟會，小朋友最愛這種場面，有吃、有喝又有玩的。小陳宏吃飽了在人群中找到了娘，他依偎在娘的身旁，娘一個個指著那些人們說：「這是姥姥，這是奶奶，這是三奶奶，這是姑姑，這是三舅母，這是……」同我小時候一樣，陳宏點頭如搗蒜，根本搞不清楚誰是誰……

「明天派他什麼差事？是押轎？還是打燈籠？」有人問陳宏的娘。

「打燈籠，這麼大的個子啦！走得動啦！」他娘說著，一下有長輩兜小陳宏，說要給他作個媒，大人都是這樣尋開心的。小陳宏說：

「我才不要！我要孝順娘，我才不要娶媳婦呢！」溜了去找他卞大哥玩。

第二天一大早，他娘給小陳宏換上新衣服、新布鞋，叫他去卞家向張大叔報到。六頂大轎都放在府家門口，還有多輛篷騾車，張大叔查點人數，六個打燈籠的開道，接著是吹鼓手，後面是花轎、車輛，都到齊了。張大叔把這大隊人馬交給領隊李叔叔，吩咐馬上要起程。

卞大哥身穿長袍馬褂，胸紮紅綢，頭載禮帽，帽子上插著金花，在鞭炮聲中出發了，六個小蘿蔔頭在李叔叔的率領下，打著燈籠，走在前面，要去迎新娘……

這是陳宏的「打燈籠」，接下來和我們電視、電影演的古裝劇差不多。民國五十六年只有這一篇，是他文學人生的開場白吧！

很多事情一「上路」就停不下來，持續下去，終其一生，寫作是如此，像是吃了毒品。相信許多老作家都有如是的感覺，一日不寫便覺有事未完成。陳宏接下來，在民國五十七年有三篇作品問世發表，分別是：

「看廟戲」（民五十七年元月六日發表）。

「拾碴子」（民五十七年三月三日發表）。

「看棗園」（民五十七年五月廿一日發表）。

這三篇合爲「打燈籠」，全都收錄在「瓜棚豆架下」一書的「憶兒時」輯中，可以算是陳宏兒童時代較具體的回憶。「看廟戲」情境和我小時候差不多，惟這短文中有一情節對陳宏的成長應有深遠的影響。一位小朋友不明就理的奪去小陳宏心愛的玩具，小陳宏哭了。他爸爸緊抱起他，安慰說：

「孩子！別哭了！跟不明理的人爭辯，有什麼好！要學忍讓，要學吃虧！」這是傳統倫理、做人觀。現代社會全變了，不能忍讓，不能吃虧，人人以「侵奪」爲一種能力表現，社會焉有不亂？

「拾碴子」、「看棗園」，都是農業時代背景的童年生活。本書寫作頗多限制，因爲陳宏成爲「已凍人」有十年了，關於他的兒童時期資料極少，又無法進行訪談工作，他所有作品（已出版）只有憶兒時這四篇短文，可以看到他童年的掠影浮光，深值一讀。

四、陳宏的早期成名經典作品：兒童文學「太平年」

大約是在陳宏寫完「憶兒時」那四篇文章，童心赤子之情正盛，或是他太想念故鄉的童年，民國五十九年，陳宏三十九歲，出版了他的早期成名經典作品，兒童文學「太平年」。本書先由台灣書店發行（五十九年五月一日出版）並由林雨樓繪圖；後由信誼基金會再版（二〇〇六年六月），並由曾謀賢先生畫上可愛的插圖。

「太平年」先後由信誼兒童文教基金會出版和台灣書店發行。我說這本兒童文學作品，是陳宏早期成名經典並不爲過，打開台灣兒童文學發展史，陳宏仍被稱爲「認識兒童文學的領路人」，這是何等重要而光榮的「歷史定位」？

對於陳宏寫「太平年」的心路歷

童書任意門
回首頁
認識兒童文學的領路人
陳宏
http://www.kimy.com.tw/project/200608/doors/index-4.asp
你會我也會
顛倒歌
小紅鞋
小蝌蚪找媽媽
延伸活動 玩一玩
網路上有關"太平年"的訊息
太平年
我要試聽
文／陳宏 圖／曾謀賢
根據「黃鼠狼拜年」的傳統故事改寫，機智趣味和化險爲夷的情節深深贏得孩子的心。要過年了，不安好心的黃鼠狼邀請雞寶寶去開同樂會，雞寶寶該怎麼脫險呢？牠們能不能一家和樂的過個太平年呢？
點選圖片看精彩內頁
★圖畫色彩鮮麗，畫面的故事性強，小朋友即使只看圖也能說故事，可說是絕佳的戲本！

程，緣起於一句歇後語「黃鼠狼給雞拜年，不懷好心」。

這位可愛的陳宏大哥哥覺得只知道不安好心還不夠，要進而有智慧戳破這個陰謀，排除這項危機，於是陳宏重新架構整個故事。據陳宏所述（民59年），他常寫些小朋友們能看得懂，或聽得懂的故事，特別是將描述對象寫成飛禽、走獸、水族，甚至花草、樹木，以及日常用具，把不能講話的讓它講話，沒有生命的賦予生命，拉近與生活的距離，希望小朋友們能在親切感之餘，也能於幼小的心靈中，播下愛護生命，珍惜機緣的種子。

怪怪，四十年前的陳宏就透過兒童文學，傳播這些理念，他真是非常的「先進」，有「概念」、有心又有天資。我回想自己的民國五十九年，正在早晚高呼「反攻大陸」呢！

陳宏早期的兒童文學創作，如今能找到只有「太平年」。另一本「逃」（64年9月30），由省教育廳兒童讀物編輯小組專書出版（凌明聲繪圖），編入教育廳兒童文學類第三一一三七號，「逃」曾改編成電視劇，在公共電視播出。

「太平年」的插圖畫家是曾謀賢和林雨樓先生，本書因他們而增色，更吸引小朋友的心。陳宏和他一文一圖的搭配，故事充滿過年歡欣的氣氛，文字輕鬆詼諧，過程緊張刺激。而插圖所要表現的，是如何運用點、線、面、色彩、構圖，彰顯故事的內涵，讓小讀者即使看不懂文字，也能從圖畫裡看懂故事大意。

在那個年代，麥克筆才新上市，色彩鮮麗明亮，給人活潑愉悅的感受，更能吸引小朋友的好奇心，亦符合故事精神。所以，曾謀賢就用麥克筆、粉蠟筆、色紙混合運用。仔細的讀者會發現，「太平年」圖畫裡的草地，都是用細的麥克筆一筆一筆畫出來的。畫家是多麼用心和有耐心，據聞曾先生是第一代兒童讀物的美術編輯者，他畫了很多好書。

至於「太平年」如何深深擄獲那個年代小朋友的心？黃鼠狼邀請雞寶寶去開同樂會，雞寶寶們如何運用機智？如何化險爲夷的過一個太平年呢？只有請小朋友、大朋友們，自己去買一本來看。

二〇〇六年信誼兒童文教基金會有鑒於「太平年」一書，仍適於廿一世紀的小朋友們，已重新出版上市。所以小朋友們！如果你喜歡陳宏叔叔講故事，趕快請爸媽跑一回書店吧！

五、五年密集攝影年．攝影文藝評論獎．蔣經國召見

一九七一到一九七五年，陳宏除了凱旋工業公司經理、大華晚報主筆、世新教學及中國郵報攝影總編輯外。他花費最多時間心力的，大概有關攝影的演講和出版，這五年

陳宏出版了三本攝影技術研究的專書，及在各大學、團體有四十二場正式講演，這五年真是「五年密集的攝影年」。

陳宏生命史上第一本談攝影的書，是「攝影漫談」，第一、二集，均由英文中國郵報雜誌社發行，民國六十二年八月初版（第二集約同年出版），六十四年七月發行第三版，也算暢銷書。這年陳宏有一本較特別的書出版，是寫給小朋友看的「拍張好照片」，而且繪圖、文字都陳宏自己來。（註）由於他在攝影上的成就，六十四年也得到「攝影評論文藝獎章」，還得到行政院院長蔣經國先生召見的殊榮。把陳宏近五年來，在各大學、民間及各公私團體，有關攝影的專題演講整理如下表（單位名稱以當時稱謂）：

陳宏1971—1975年間在各大學（團體）攝影專題演講表

大學（團體單位）	攝影主題
中國文化學院	先求孰能生巧，再到得心應手：攝影的門檻。
台北師範專科學校	享受多了一隻眼睛的情趣，談照相機的類型。
師大附中	避免失敗是邁向成功的門階，初學拍照應注意事項。
東吳大學	攝影工具宜從實用著眼，談鏡頭的誤差。
師範大學	交換鏡頭，各有妙用，談鏡頭的特性。
台灣大學	先利其器，再善其事，照相機的保養與選購。

東吳大學	確定趣味中心，巧用線條動向，談攝影初步。
中央警官學校	在大千世界裡獵取好鏡頭，談如何取景。
中原理工學院	瞭解攝影的特性，運用自我的思維：談攝影的創作。
台北攝影活動中心	透過鏡頭測光，是一大進步，談TTL的測光。
師範大學	拍照・測光・經驗：如何運用測光裝備。
東吳大學	自動相機並非完全自動：電眼的類別及使用時應注意事項。
政治大學	通過、限制、阻止：談濾鏡的運用。
東吳大學	是什麼樣？就照成什麼樣？現場光和閃光燈的運用。
台北工業專科學校	上鏡頭與不上鏡頭。端視有無理想角度：人像的拍攝。
中央印製廠	照相一如撰文，應言之有物：談人像主體的安排。
中興大學夜間部	平面上分出遠近，靜態裡賦予生命，談風景攝影。
台北攝影活動中心	如何笑起？怎樣拍笑！談快門機會的掌握。
東吳大學	多少美妙情景盡入爾等鏡頭，談校慶活動的拍攝。
台北工業專科學校	去蕪存菁。揚長補短：談如何在攝影會上拍照。
師範大學	把握時機。表現氣氛：談夜景照片的拍攝。
中國青年服務社	深背景。慢快門。主觀的意念：風雨中能不能拍照？
世界新聞專科學校	如何給牛拍照？談就地取材。
台北醫學院	照小動物，野趣橫生，影展評選會後趣談。
省立基隆高工	商業廣告進入攝影時代，談廣告攝影。
台大醫院	增進情趣，美化人生，家庭生活照片的拍攝。

大同公司	學攝影很是愉快，遇挫折不必灰心：攝影經驗談。
救國團攝影研習會	應活用技法以求新。不標新立異而取寵：如何破格表現？
中國文化學院	虛懷涵育・凝明洞照：對攝影應有的認識。
清華大學	不點明，不說盡，則有含蓄之美：談攝影的標題。
世界新聞專科學校	美是什麼？什麼是美？談攝影的美。
中正理工學院	攝影是最現代化的藝術：談攝影的特性。
國立藝術專科學校	藝術是生活的一部份，談攝影藝壇的動態。
政治大學	畫面的欣賞，內容的探討：談攝影作品的評選標準。
師大附中	照片的製作基礎與完成，談沖片與放大。
海洋學院	去掉壞的，剩下好的，談暗房工作。
東吳大學	兩百度軟片可當千六百度拍，談增感顯影。
台北攝影活動中心	一氣呵成・不落窠臼：談幻燈片的拍攝。
政治大學	涉獵攝影奧秘，亦是一種情趣：彩色軟片的演變。
世界新聞專科學校	五光十色，一片祥和：談色彩的特性。
世界新聞專科學校	說暗房技巧來龍，探攝影趨向去脈：暗房技巧作法。
台灣大學	擘劃・構想・組織：攝影的表達方式。

附記：

㈠以上四十二篇演講內容，經英文中國郵報社出版，「攝影一席話」，民國六十四年十一月初版，六十五年五月再版。

㈡陳宏在本書「後記」說，近五年有百篇文稿，只挑選四十二篇出版。若然，尚有一半多藏於何處？

「攝影一席話」一書，有英文中國郵報董事長黃遹霈先生作序，書名爲書法家暨教育家潘維鑑先生題字。出版本書時，陳宏正是英文中國郵報雜誌總編，正好黃董事長也喜愛攝影，並期待要辦一所「攝影學校」，惜力量有限，未能著手。黃董在該書序說，陳宏本身工作多采多姿，有攝影同好召邀，那怕是瑣務再繁，也從不願使向他開口的人失望。這又讓我們多知道一些陳宏做人行事的風格，難怪我只要打幾個「關鍵詞」，電腦網路中鐵定可以找到數年、數十年前，與陳宏有過「驚鴻一瞥」，卻仍在懷念著陳宏老師如何如何的人！

陳宏的另一本攝影專書，是三十多年後才出版的「話說攝影」（台北：有容文化工作室，二〇〇一年十二月）。這時他已生病了，住國軍松山醫院，本書是張澄子主編陳宏文存八本之一，書前有唐健風提序。陳宏在「說在前面」（陳宏口述、張澄子代筆）說：「平時我說話本諸兩個原則，沒有用的話不說，沒有根據的話不說。寫作上也一定要言之有物。」

這種風格和我完全相同，至今我只見過他一次面，從未說過一句話，在心中他已是我的好友。

六、二十年大小事，好姻好緣好的人生歷練

前節已提過學慧考上實踐家專家政科，及他們的長男長女出生。民國五十七年學慧終於把實踐家專讀畢業了，她參加國中教師甄選，這年她分發到台北市介壽國中，她在介壽國中大約待了十年。後來擔任景興國中教務主任的卓意翔，回憶在介壽國中的點滴，那時還是理著三分頭的小鬼。那個年代，介壽國中的鼓號樂隊是台北市最紅的，經常要練習，劉主任像媽媽一樣帶著大家。

卓意翔記得最清楚的，是劉主任待人親切，處事圓融，各處室都尊她爲大姊，校務運作順暢，至今感受最深刻的仍是「善教者使人繼其志」。至今有人問他爲何有這麼好的EQ時，他總說早年被劉學慧主任帶到，受她身教言教的影響。

事實上，陳宏和學慧這對夫妻就是這樣，和她們相處片刻都會成爲永久的懷念，或有些感動讓你去回味，這倆口子還真是「物以類聚」。與他們交往過的朋友，後來很多成爲工作夥伴，共同爲社會貢獻心力，我在陳宏作品中看到許多。佛光山系統的星雲大師等就不說了，略說鄭蘋蘋、陳澄雄、張澄子、朱立熙和姜捷等五位。

鄭蘋蘋是陳宏夫婦在花蓮時期已認識的朋友，她從金馬小姐起家，一路層層向上，

委任、薦任、簡任官，二〇〇四年在台中監理所退休。她現在是「漸凍人協會」志工，但她曾「失聯」四十二年，直到看到陳宏《我見過一棵大樹》出版，才又「相認」，在「金囍」紀念集裡，這位蘋蘋姊這樣說：

> 回想四十四年前，我剛認識那對相知相惜的小夫妻，再看到現在，這對不離不棄的老倆口，讓正在敦煌石窟旅行的我，不禁想到壁畫中，那永遠幸福快樂圍繞在釋迦牟尼佛身邊的飛天香音神和護法天王。

陳澄雄，曾任台北市立國樂團、台灣省立交響樂團團長，是一位用音樂宣揚中華文化的人。陳宏有許多著作寫到陳澄雄先生，如民國八十三年四月一日「樂壇中的春耕圖」等。陳澄雄在陳宏的「生命是一首澎湃的歌」一書序提到，陳宏對藝術類之涉獵及敬業精神更可佩，舉凡交響樂、歌劇、國樂、管樂、舞蹈各類型藝術表演，他都親臨其境，以其生花妙筆，客觀剖析。陳澄雄最感慨的說：

> 所謂「友直、友諒、友多聞」，得友若此，夫復何求！結識陳宏兄是一九六八年自歐返國，因緣際會，交情已逾三十載。日前赴醫院探望……「病在爾身，痛在我心」，願蒼天有眼……

其實至今我仍弄不清楚，陳宏不過初中畢業，但音樂戲劇類的專業知識從何而來？若自修或興趣，不過懂些皮毛吧！他卻被國防部、教育部及許多劇團，請去擔任評審委員、指導委員或各種演講，也寫了很多這類文章，真是奇啊！只能說天賦吧！

張澄子，在陳宏夫婦生命歷程中，是個重要的夥伴好友，《陳宏文存》八本（二〇〇一年、有容文化出版），若無張澄子承擔起來，陳宏作品可能尚未問世。

陳宏在《自在的少水魚》書裡，「不忘初心　不變隨緣」文章中，寫到張澄子在民國五十九年暑假，在古亭女中送走了赴美深造的教學組長黃茂樹老師……佛光山舉辦二〇〇八年翰林學人聯誼會，開幕式由慈容法師主持，介紹兩位貴賓，一位是美國西來大學校長，一位是台灣南華大學校長。張澄子赫然發現，西來大學校長正是她闊別三十八年的老同事黃茂樹老師，張澄子在佛光山巧遇故舊，傳爲佳話，而她是基督徒，她在佛光山看到，原來佛陀和基督幾乎是「一家人」！

陳宏該文「不忘初心　不變隨緣」主題，是取星雲大師常勉勵大眾的四句座右銘，「不忘初心，不請之友，不念舊惡，不變隨緣」中的二句。這真是一種最美麗的處世態度，看（讀）到陳宏夫婦和他們交往的朋友，我都感受到這種「味道」。

朱立熙，曾任「英文台北時報」總編輯，他在大學時代參加攝影社團，由社員到社長。陳宏在《眨眼之間》一書，「溫馨點滴」短文，寫到自己生病後，朱立熙來看後寫過一篇文章，其中幾句話：

> 一九七七年，我從大學畢業，以第一名考進中國時報擔任攝影記者。陳宏是第一位恭喜我的老師，他還殷切叮嚀說：「立熙，千萬記住，新聞工作很容易讓人自我膨脹，但那是因為報紙大，而不是你大，不要得意忘形才好！」

能講出這麼有智慧而富美德的新聞工作者，只有陳宏了。自從陳宏生病以來，新起的一代新聞記者，個個都自我膨脹的不得了。現在很多人都認爲，媒體（新聞）工作者已是「台灣的亂源」，台灣社會之混亂、腐敗，媒體是個「推手」，已失去公平正義性，已非「第四權」。

姜捷，我查網路資料，說她是一九五五年七月五日生，政戰美術系畢業，海軍中校備役，當美編記者，一九九四年獲新聞局金鼎獎，華視莒光園地主講人。

陳宏《苦，也是一種豐富》書名，源自姜捷爲他寫的一首歌，「我知道你在受苦」中一句鼓勵的話，並由音樂家姜震譜曲。另在《我見過一棵大樹》，陳宏那篇「盯著那個球」，提到感念作家姜捷的厚誼，她打算把陳宏的故事寫成書，也訪問了五十多位有關的朋友，惟諸種原因似尚未開筆。

我要寫本書時，學慧姊說有一朋友也要寫而尚未開始。我答說，如寫「孫中山傳」等，大家都可以寫，宏揚一種正面價值和思想，越多作家寫對社會越好，如宏揚佛法一樣。像陳宏和學慧這種「經典」案例，是我們社會永遠的「珍寶」，世世代代，任何作家都可以寫，每個人寫法都不同。

我是一個說開幹就開幹的人，二〇一〇年八月二十日從佛光山佛學營回來，就埋頭苦幹。我用「文獻研究法」寫作，不須要訪談任何人，只有「關鍵點」向學慧姊求證。但願我的完成時，姜捷也完成，屆時可比較二者做爲互補。

以上不過聊些陳宏夫婦早年認識的幾位有緣人。再者，陳宏開始在大華晚報、中國郵報和世新傳播學院，這「三大舞台」展現不凡的才華，也在本階段。

一九七一年，陳宏開始擔任大華晚報記者，後來又任編輯、主筆，發表很多作品，隨本書行文都會逐一敘述，以饗讀者。

大約一九七四年，陳宏開始在世新學院任教。《眨眼之間》一書的「什麼樣的人最偉大？」（張澄子記錄），回憶二十八年前世新的學生來醫院看他，陳宏想起在同學班刊看過這麼幾句話：「跌了一跤，睡了三年，矮了半截。」好慘！

於是，陳宏經常在新聞事件中，找出實例，藉以闡述人生旅途中，每個人都可能跌跤，問題在於跌倒後還要站起來。沒想到陳宏竟以己身示現，於公元兩千年，六十九歲之際，跌了「天大的一跤」，而且從此以後「凍結」在一張病床上，成爲名符其實的「已凍人」。

然而，那個表相。他的「形、身、相」都被凍結，但他的「意、神、識」卻海闊天空了，突破了形相限制。他以己身論證金剛經上說的「凡所有相皆虛妄」，他進入佛菩薩境界了。

一九七五年，陳宏也開始擔任中國郵報總編輯，主編「攝影雜誌」，曾出版一百多期，至今家中仍有全套保存著。次年陳宏開始在「文藝月刊」寫「攝影經驗談」專欄，一直寫了七、八年。

「新文藝」於民國六十五年時，由王璞（拍作家錄影傳，三年前我曾在秋水詩屋一見）主編，他由純文藝改版成綜合性的文藝月刊，邀請陳宏專稿，是個叫好又叫座的專欄。

我同樣也疑惑著，陳宏的攝影專業從何而來？真是只有天曉得。他是郎靜山主持中國攝影學會和台北市攝影學會的會員，有「榮譽博學會士」和「博學會士」榮銜，曾在國立歷史博物館，舉行「陳宏國劇專題攝影展」，把國劇和攝影結合起來，開風氣之先。

本階段還有一件大事，民國五十九年元月二十七日，他們的老三大謀出生。他得父母遺傳，各方面都是一流的，也是貼心的孩子，很多事都主動和父親研商，包括曾經（二〇〇五年）要到大陸創業、發展數年，他也用注音板和爸爸談，聽老爸的意見。

學慧於民國六十七年從介壽國中，調到古亭國中，她在那裡又待了十一年，她和張澄子就是這裡的同事。似乎學慧姊在那裡？那裡便有一些好緣的發生。

註：「拍張好照片」，民國六十四年十一月三十日，省教育廳出版，台灣書局發行，繪圖和文字都是陳宏自己。

第四章　陳宏密集寫作二十年（上：民68-77年）

陳宏的書寫創作欲望一發不可收拾，如星火之燎原，滅都滅不掉！從民69到89這二十年間，除二年因別務外，他密集書寫一百四十七篇文章（未含攝影作品），直到他在公元兩千年四月六日中午，因呼吸衰竭昏迷送進國軍松山醫院，從此他就躺在床上，由「漸凍人」到「已凍人」。

陳宏的創作（親自書寫）遽然而止。如聽古琴正奏著「十面埋伏」，突然斷弦！

爲使讀者了解陳宏密集寫作的二十年，還有此期間的要事，我分兩章，各節依年代順序脈絡展演，以求清楚明白！

寄情山水間

一、陳宏開始說戲寫戲（民68 69）

這個時候，學慧已調到古亭女中任輔導主任，後來又當訓導主任、教務主任，她一共在這裡待了十一年。

這個時候，他們的長子大誠二十歲，長女心怡十七歲，正開始要尋求「獨立」的時機，次子大謀十歲大概還會黏媽媽。所以，這時這對中年夫妻的生活重心，是在他們的工作事業上。

陳宏自從十年前發表了兒童文學「太平年」後，此後未有兒童文學作品，那可能是他隨興所作，卻一鳴驚人，留芳後世。沒有文字作品不表示沒有其他創作，他忙著世新教學，大華晚報，還有主編「中國郵報攝影雜誌」發了一百多期。那些可能比文字書寫更大的「工程」。尚待有心人把它整理出來，應是陳宏除文字創作外，另一個更神妙的世界，期待著！

把話頭落在民國六十八、六十九兩年，是陳宏說戲寫戲的開始（之前無相關論述）。雖然這兩年只有四篇文章（五次發表），卻是重要的關鍵年代，凡事起頭難啊！

「誰是梨園祖師爺？」（民68、4、13發表）。

「郝總司令期勉陸光劇校學生」（民68、7、3）。

「郭小莊演鬼像鬼」（民68、8、8）。

「戲劇季談國劇攝影」（民69、10、26和11、2日兩分上下發表）。

誰是梨園祖師爺？陳宏寫到有優孟、秦二世胡亥、唐明皇、後唐莊宗李勗，還有「老郎神」。不過現在梨園供奉的祖師爺是唐明皇，但國劇界前輩認爲誰是祖師爺不重要，重要的是祖師爺神龕旁的對聯：

優孟衣冠為先聖繼絕學；清歌妙舞替萬世開太平

太妙了！數十年前我在政治研究所修讀碩士學位，「中國政治思想史」是重要學科，講課教授常說：「中國政治思想之精髓有其神聖使命，便是爲中華民族先聖繼絕學，爲萬世開太平。」而我身爲革命軍人三十多年，讀遍中山先生、蔣公所有著作，甚至毛澤東作品（政研所必修），竟也常講到這樣的話，太神了！

那句對聯在國劇學會（原在北市永樂戲院，後遷中華路理教總會，再遷今萬大路。）掛祖師爺神龕兩旁，是書畫家溥儒的工筆楷書。其內涵多麼的「儒家」，多麼的「政治」！又多麼的「文化」！簡直把中華文化濃縮在兩句話中！

郝總司令、郭小莊是誰？凡是廿世紀下半葉成長在台灣的人，大概都是看著郝、郭長大的。我的半生軍人生涯，郝先生都是我的頂頂頂，再頂的頂頭上司，那時中華民國所有將官（不論幾顆星星、蔣公除外），光是「聽」到郝先生要來視察，就開始「頭皮發麻」了！校官以下更是別提。若有「自由進出」的可能，大概收拾細軟，走爲上策者皆有之，可見郝先生的威嚴，他治軍以「嚴明」聞名於世。

後來退休後，我在各種軍校活動聚會場合，常看到郝先生，他已是一位「親切的阿公」。只是近十年來，我看到的國軍，很多像救國團野營活動，甚至軍官穿軍服公開辦國際標準舞展，在舞廳跳舞等。據聞，陳水扁時代通過軍人可以組「舞蹈協會」之類組織，存心要使軍人墮落！相信這不是「陳宏傳」的題外話。

「戲劇季談國劇攝影」一文，約八千字左右，是陳宏一九八〇年唯一的一篇文字作品，是很專業的一篇戲劇攝影說法，筆者外行難以轉述。但我所要說的是，陳宏在這年的重頭戲是三月八日，在國立歷史博物館舉辦的「陳宏國劇攝影展」，原定一週的檔期，加延了一週，人潮尚未退，可見其受歡迎的程度。

戲劇、攝影皆非筆者所長，故 只能借當時藝術評論家焦士太爲「勝利之光」所寫，以「藝術的再創作」爲題中的幾段文字，爲現在的讀者解讀陳宏在戲劇、攝影，他所展現何樣的境界！

陳宏的攝影藝術，是屬於藝術的再創作。所謂再創作是將已被歷史肯定的藝術成品，作為素材，重新處理，變成自己的藝術品。畢卡索的晚年，常常用這種手法創作。

但國劇是動的、立體的、綜合性的時間藝術，而攝影家們必須透過鏡頭，適切的把它變成靜的、平面的空間藝術。

攝影家們從事這方面的創作，須具有：一為豐富的藝術修養，一為科技的一般常識。最重要的是他要有敏銳的反應，獨具慧眼，才能適時的選取素材，掌握快門，把剎那變永恆。

人物攝影除應講求一般的構圖原則外，特別注重其精神狀況的表達，希望能將其訴說的語言傳達給觀者，而產生心靈的共鳴。國劇的拍攝，亦有其共通性的原則。

然國劇人物，均有特定臉譜，色彩強烈，內心感受很難看出，但由於戲劇性的誇張，情感的表達似較易捕捉，如深諳此道者，這項困難便容易克服了。

陳宏具上述之長，當然懂得此道。就展出的一百二十張作品中，他採用自然光，畫面帶有濃重的藝術氣氛，慢鏡頭選用的很妥當，畫面人物的迷濛，反而增強動勢。

藝術的美，本身便帶有含蓄性。「隔霧看花花更媚」，道理誰都知道，抽象的美，是因為它有未知的聯想性。

陳宏的國劇攝影展是轟動的，陳宏的國劇藝術攝影展是寂寞的。我開首就說過那是傻子的事，但陳宏他喜歡，他說：「我喜歡寂寞的美……」。

原來陳宏的攝影藝術，是一種「藝術的再創作」。那麼，陳宏目前人稱「澌凍勇士」，亦有稱是一尊慈悲的臥佛。我寫陳宏，且用陳宏和學慧很多現有成品爲「素材」，應也是藝術的再創作，我期許自己做的和陳宏大哥一樣好。

二、「孔雀東南飛」、「尤乃斯柯不荒謬」和「鳥事」（民70、71）

這兩年陳宏有十四篇作品發表（其中一篇分三次），均見本書後列「陳宏和劉學慧生活與創作年表」。這些文章寫的不外戲劇、鳥類、風筝史、放焰火、荒謬大師、酒史、民間信仰、催眠、假日花事等。

但若要抓住一個重心，「孔雀東南飛」、「尤乃斯柯不荒謬」、「鳥事」和「民間信仰」應爲這段時間的「關鍵詞」。

民國七十年，陳宏爲大鵬劇團修編「孔雀東南飛」，這齣古老的名劇看千遍、演千回，想必也不厭倦，這一年陳宏一定花了很多工夫。因爲二〇〇三年台灣國劇界有「向國劇前輩陳宏致敬」活動，即演「孔雀東南飛」，故有關是劇活動或故事，到時再詳述。

民國七十一年三月廿四日晚，法國名劇作家，世稱「荒謬大師」的尤乃斯柯（Eugeine Ionesco）攜妻來訪，訪台其間除在文藝中心看過由他的劇本「椅子」，經魏子雲教授改編成國劇「席」外，同場還看了大鵬王鳳雲和王秋娟演「金山寺」。訪台一週還看復興劇校的「水濂洞」及「遊園驚夢」片段、訪問農村等。

陳宏必定全程追蹤，才寫下「尤乃斯柯並不荒謬——在傳統中找美．於藝術裡尋真」，並記錄大師珍貴的觀點。尤乃斯柯認爲中國的戲劇美是西方所沒有的，他的「椅子」改編成國劇「席」，已是一齣屬於中國的戲劇。若然，「羅蜜歐與朱麗葉」用國劇演出，就成了中國戲劇嗎？

大師談及「荒謬」標幟，是英國一位評論者按當時流行卡謬、沙特的「荒謬哲學」封的，他認爲沙特作品的流行，代表西方人的信仰危機。他們的存在主義宣布「上帝之死」，上帝不死，人只會說「一切由主做主」，人便沒有獨立判斷的能力，甚至人是不存在的！

改編成「席」劇的魏子雲教授表示，中國自詩經以來到戲劇，都有社會教化的功能，故說「文以載道」。如前面提到國劇學會祖師爺神龕兩旁，書畫家溥儒那付對聯：優孟衣冠爲先聖斷絕學，清歌妙舞替萬世開太平。

這兩年陳宏的文章也寫些和環保、護生、休閒相關問題，如「如果有一天沒了鳥……」、「放風箏，現已風行了全球！」、「酒戰方酣，且談酒國滄桑」，及中國民間信仰等。

在那幾十年前，陳宏就會關心「鳥事」（還有其他動物、生態保育），算是很「先進」了。「如果有一天沒有了鳥？」一文，陳宏深入研究、報導台灣的鳥事、鳥種、鳥生態和環境關係，呼救保育，別再「殺」了。該文據陳宏所示資料，台灣鳥種已發現四〇八種（一九八一年），包括特有的長尾雉、藍腹鷴等十六種，未知廿一世紀初的現在剩多少？

台灣的民間信仰在正式「宗教學」的稱謂，概以「中國民間信仰」一詞統稱之，與世界各大宗教齊觀，是爲千百年來中華民族不同於世界各教派的信仰方式。陳宏在「民間信仰其來有自——劉枝萬指出不宜視爲迷信」，這是當然，世界各宗教都是該民族歷經固有歷史文化演變，形成的一種「生活方式」，或一種「文化、習俗型態」，不能視爲迷信。

關於台灣的民間信仰說來很「詭異」，因爲所有的神都是「中國人、中國神」，例如保生大帝俗名吳本，宋朝太平興國人；臨水夫人俗名陳靖姑，唐代宗時福州人；西秦王爺是唐太宗李世民；媽祖俗名林默娘，宋代福建莆田人；福德正神土地公，是炎帝神農氏第十一世孫句龍，因功封「社公」成土地神；……餘皆是。

從這些民間信仰的神來看，難怪獨派搞「去中國化」路走不下去，因爲神都是「生爲中國人、死爲中國神」。連眾神都反對的事，人如何能做的成？

三、學慧加入女義警隊，陳宏仍在世新並積極創作（民72、73）

當陳宏積極的寫作他所要報導發表的文章，這段時間仍在世新當「會叫的野獸」，他教「新聞攝影」課程。此期間，學慧也正在各大型活動場合展現她的才華，先談談學慧好了！

學慧不僅行政工作、人際溝通、協調管理皆一流，且她平時重視穿著打扮，禮儀和品味亦合宜，加上她姣好體態與自信豐采，她成爲許多大型活動主持人，大型會議的司儀更非她莫屬。記憶最深刻的，是民國七十三年，台北市義勇警察大隊在中正紀念堂舉行總檢大會，由前市長黃大洲親自校閱，場面空前盛大，由她擔任司儀，女義警中隊還特別爲她訂製一套全新的女義警制服，大會受到各界注目和肯定，她圓滿達成任務。

當時的女義警中隊長楊黃秀玉，看學慧從始至終的傑出表現，早已「盯」上她，力邀她加入女義警。原本熱心公益，樂於社會服務的她立刻答應，從此以後，她成爲女義警，陳宏病後，她一面忙著照顧生病的陳宏，一面也還是女義警中隊倚重的幹部。低調的學慧很少談起女義警的服務工作，倒是當童軍團長帶團出國，是她生平一件美麗的驚嘆號！

這應該是往後數年的事，在此先睹爲快啦！她帶高中年齡層的女童軍，參加第十八屆世界童軍大露營（一九九五年），在荷蘭舉行十一天，再遊歐七天。

很少人知道學慧在童軍領域，早早有卓越表現。從介壽國中當訓導主任起，就是當然的女童軍團長，參加過全省台北、台南、高雄、花蓮等地大型全國童子軍露營，老早被上級網羅爲參與世界童子軍活動的領導幹部。這次的十八屆世界童子軍中國日，學慧帶的第四團在大會表演節目，一是民族舞蹈表演，一是學慧團長帶去的筆墨紙硯，老外對我們的「國畫」很好奇。

學慧現場揮毫，畫花、畫鳥、畫山水、寫「福」字、「如意」字，讓老外見識中國繪畫和書法的神奇奧妙，比動態的山地舞、花鼓舞、民族舞等表演更受歡迎。參與會師的各國團員，都驚嘆中華民國團的團長是個女畫家，等於進行一次成功的國民外交，在重要的國際場合宣揚了中華文化。事實上，若耐心讀完這整本書，諸君定會發現這倆口子之異同，陳宏用文學藝術透過一支筆宣揚中華文化，學慧以其行爲活動宣揚中華文化。

民國七十二、七十三年，陳宏有十六篇作品發表（詳見創作年表）。內容大致是珊瑚保育、蘭花王國、醋的科學、哼歌人生、老兵不死、諾貝爾獎、管理、自然、茶葉等，談的較多的仍是環保。尤其那篇「秋天來了，正好去看看鳥——邊際土地不斷開發，鳥離我們越來越遠。」，以及「滄海桑田說珊瑚」、「與自然爲友」等文，都有一個共同的核心思維，那就是自然保育、環境保護的問題，人們不斷開發，鳥不見了！許多生物絕種了！對人也是很不利。

當其他生物活不下去，不信人類可以活下去！尤其台灣不過小小的島，邊際土地所剩無幾，爲何我們非要佔領所有土地？不能留些給別的生物生存嗎？由此觀之，那些所謂的「邊際土地」，事實上也非邊際土地，因爲有別的物種（和人關係密切的）在使用。在這個年代，陳宏提出這樣的思維，對台灣的環保應有一些啓蒙作用。

這幾年陳宏似很關心台灣的「鳥事」，三年前他早有一篇「如果有一天沒了鳥……」，我相信「鳥事」和「八八水災」是有關係的！

四、環保、國家公園與東西方文化（民74、75年）

這兩年對台灣的環境保護或國土保育，有重大的意義，陳宏的筆當然也會緊抓這樣的主題，在他七十四年九月二十二日發表的一篇文章，「由遊山逛景・到知性探索」，仔細報導了我國「國家公園」的成立。

第一座，墾丁國家公園，七十三年一月一日成立。

第二座，玉山國家公園，七十四年四月十日成立。

第三座，陽明山國家公園，七十四年九月十六日。

該文從國家公園的歷史源頭說起，一八六〇年代美國自然保護先驅者提出呼籲。一八七二年美國國會通過第一座「黃石國家公園」，這是世上第一個國家公園，到陳宏寫本文時，他的文章說有九十九個國家（地區），設置近千處國家公園。環保觀念現在已大大漲起，但我認爲不夠，應該把整個地球視爲一個大公園來保護，停止開發，停止進一步工業化，且人口不應再增加，這是我的看法。

這兩年陳宏有二十二篇作品發表（見創作年表），多篇和環保有關，但有一篇民國七十五年十一月十六日發表在「大華晚報」，題名「清潔的空氣、清潔的水和綠化的環境」，一張由畫家梁丹丰保存的報紙，卻未見收存於陳宏的任何一本著作，可能早已軼失。

陳宏這兩年另一個寫作重要領域，是中華文化、西方文化及中西之差異。如「爲何西方藝術那樣著重人體美？」、「續修四庫全書、蔣復璁未竟之願」、「行不改名、坐不改姓：王國璠談宗族觀念的形成」、「科學的啓蒙、啓蒙的科學」、「治學修藝、何必曰利：劉鳳學退而不休」附錄「新古典舞團大陸去來」等。各篇都深入淺出，以名家（蔣復璁、王國璠、劉鳳學、單偉儒、晏陽初等）之奮鬥經驗，剖析中華文化的發展，陳宏講到中華文化有很強大的自然包容力。

這是確實，中國歷史上有多起「去中國化」政治運動，較早如元初、清初，當時算是「異族」入主中國，都企圖以少數民族（蒙古、滿清）之典章制度和文化等，取代中華文化。都終歸失敗，硬搞下去只有自取滅亡，提早丟掉政權，只好把自己族群也溶入中華文化，使自己也成爲中華民族的一員。

較近者如毛澤東時代的「馬列中國」，企圖以馬列思想全面取代孔孟思想，於是孔孟乃至整個中華文化都要被消滅。今夕何夕？才多少年？馬列今何在？現在全中國乃至全世界都成了孔孟的「粉絲」，二〇一〇年的「九一一紀念日」，美國國會通過表彰「中國儒家思想」，謂人類要得到和平需向中國孔子取經。

另一個小小場景，台灣島內獨派大搞「去中國化」，其結果可想而知了！

在東西方文化的不同，陳宏那篇「爲何西方藝術那樣著重人體美？」很吸引我，因爲我不久前才看過「畫魂」潘玉良資料（多年前也看過書），這位出身妓院、小妾的畫家，就是因以裸體模特兒作畫，而不容於中國民初社會。這個問題（裸體模特兒）應已不存在，但「名相」無問題，文化差異仍是很深刻的。

在陳宏的文章中提及，民國三年李叔同（弘一大師）、十二年劉海粟，都曾以裸體模特兒作畫，引起了軒然大波。陳宏認爲，不同的國家有不同的標準是很合理的，我亦以爲世上多的是民族、宗教，不應有任何事或觀點要強求「放諸四海皆準」，那是天大的錯，就讓他「百花齊放」吧！

小註：二〇一〇年在兩廳院年度旗艦製作，「畫魂」潘玉良歌劇，其編劇王安祈，也是二〇〇三年國內戲劇界「向陳宏致敬」，專場演出「孔雀東南飛」的藝術總監，容後再詳述。

五、「虎行雪地梅花五．鶴立霜田竹葉三」（民76、77年）

一九八七年，民國七十六年是台灣政治發展的關鍵年，這年的七月十五日台澎地區解嚴，十一月二日開放探親受理申請。許多離鄉近半世紀的人，終於踏上了歸鄉路，無數感動的故事書之不盡。

陳宏何時回鄉？時間已不可考，但應是開放之初。陳宏在著作中（生命之愛和群賢雅集）多篇文章提到他歸鄉情景，父母皆亡故，兄弟也各自東西，父親是望重一方的儒醫，在當地尚有好口碑。見到了弟弟，弟弟說有一年父親心有所感，寫下一付對聯：

虎行雪地梅花五　鶴立霜田竹葉三

父親特地告訴弟弟說：「如果你哥哥還健在，以後能與你通消息時，把這兩句話告訴他，要他不論什麼時候，在什麼地方，都要做些可以留下痕跡的事。」沒多久，父親就病逝了。

陳宏回台和王宇清教授談到父親那副對聯，王教授頗爲激賞，建議寫下來，陳宏請王教授成全，王堅辭並說請陳立夫先生寫最恰當，都姓陳嘛！於是王教授找上立公。後來立公改一個字：

　　虎行雪地梅花五　鶴步霜田竹葉三

　　把「鶴立」改成「鶴步」，由靜摯改成動態，栩栩如生。陳宏在文章中寫到陳立夫先生，稱「大老不老，爲傳揚中華文化，青春活力十足。」

　　但陳宏和陳立夫先生仍有一事未了（可能至今未了），民國七十七年陳宏採訪陳立夫先生，立公曾說：「中國共產黨應該改名爲中國大同黨，中國國民黨仍維持原名，這就符合了國父昭示的『以建民國，以進大同』了。到時中國的政

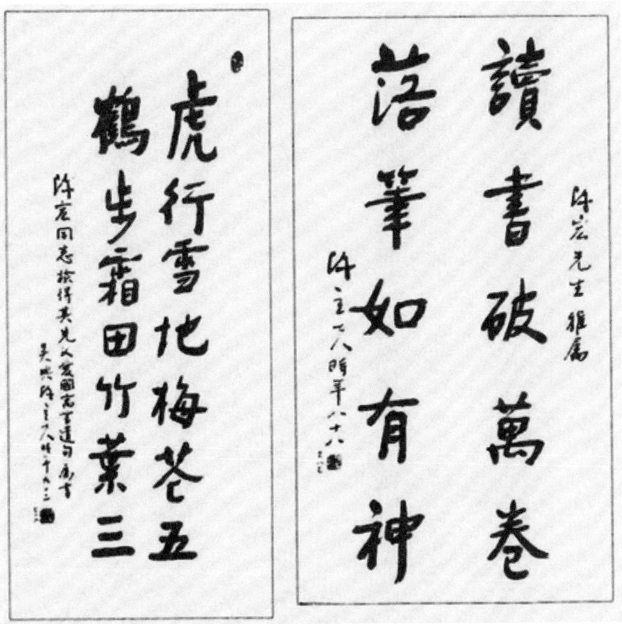

書法資料來源：陳宏，群賢雅集。
台北：有容文化工作室，2001 年 12 月，頁 21、22。

黨政治局面也就形成了。」立公一再叮囑要把這段話報導出去，陳宏文稿寫好了，但報社老闆以「時機不宜」、「太過敏感」爲由，被擱置下來！

事隔多年，陳宏積壓著這件心事，以立公交待之事卻未能完成，深感歉然，陳宏以後怕再見到立公。

陳宏少小離家，孤獨一人在台，直到和學慧成立了家，他愛著這個家，這是他的唯一。但有多少個午夜，陳宏想起故鄉的父母，在靜夜中，四下無人，他潸然淚下，仔細去看他的文章！

但陳宏也不能始終活在感傷氣氛中，畢竟那是大時代環境使然，個人誰能奈何？陳宏是一個宏觀、智慧而又有意志力的人，他知道怎樣脫困！他在《生命之愛》一書，寫到逃難不忘過年的一帖春聯：

年年難過年年過　處處無家處處家

陳宏說，「年年難過年年過」，可鼓舞意志力；「處處無家處處家」，可激勵適應力。這意志力和適應力的素養，無論在順境或逆局都很重要。

陳宏以此種積極的心態，讓每個年都是豐盛年。這兩年陳宏也有十二篇作品發表，內容包含洪通的故事、戲劇工作者大有可為、顧正秋詮釋文姬歸漢、馬褂由來和多篇有關音樂、戲劇的作品。尤以在「國劇與社會教育」一文，陳宏論述國劇如何振衰起敝！已經不止於在「忠孝節義」和「教忠教孝」上打轉，而是中華文化非常精緻的藝術，可以提昇人的境界，更是中華民族寶貴的遺產。

國劇需要改良，需要現代化，但不能就此式微，乃至從此失傳；需要「有容乃大」，是陳宏重要的觀點。

有一件喜事在這時發生，一九八八年七月十七日，長女心怡與吳水雲三子吳秀陽結婚，婚後雙雙赴美留學，心怡後來在國內學術界有卓越的表現。

第五章　陳宏密集寫作二十年（下：顛峰，民78-79年）

研究陳宏生病前的創作歷程，發現他病前二十年是密集寫作期，而本章涵蓋這約十年間，除兩年(民78、81)沒有作品發表外，總發表量亦達七十九篇文章，是密集期中的顛峰。這些作品屬戲劇、音樂範疇，竟達半數以上，故此期間，陳宏除幾項「正職」外，他的心思在音樂、戲劇。

本章所涵蓋這十年中，單一年份創作量最高是一九九八年，這一年他

發表了二十篇作品，居所有年代的「第一名」，且篇篇具是佳構，對當代社會教育、文化藝術乃至人心之淨化，還看得出他所產生的影響。

一、中華職訓中心授課．重編「桃花扇」成現代劇場（民78-80年）

民國七十八到八十這三年間，陳宏有八篇作品發表，論量不多，論事是兩件大工程在進行著，這三年是很忙也很充實的年。

第一件「工程」是應中華職訓中心之邀，講授「攝影及印刷攝影」課程。時間就是民國七十八年這一年。所以，這一年陳宏沒有發表任何文字書寫的文章，其他作品（如攝影或記者的職務等）應還是有。惟職訓中心的講義沒有留下來，否則也是一部或幾部上好作品。

第二件工程是民國七十九年爲大鵬劇團編寫孔尚任名作「桃花扇」，由名導演朱錦榮（他和王安祈等八人，都是後來戲劇界「向陳宏致敬」，演「孔雀東南飛」的劇組團隊之一，均留待後述。）執導，後得中國文藝協會導演獎。

關於重編「桃花扇」，陳宏有一篇長約兩萬字的文章，「讓古典劇作重現在當代舞台」說明動機緣由，發表在民國八十年十二月二十八日的社會教育年刊，深値略爲介紹。

第一、重編古典劇之緣起：中國文學領域中，雜劇、傳奇等，久已不復現於舞台。某些仍在流傳，可代表傳統戲劇的國劇，又因劇目或缺少創意使觀眾流失，興起把古典劇作賦予新意，使其復活的念頭。

第二、選編「桃花扇」的動機：陳宏說的很含蓄，只說「桃花扇」多麼動人及孔尚任是孔子後裔等。但以筆者研究陳宏之深入，和一九四九年那種「亡國之痛」有直接關係，那是很多人的痛，而且一九四九年和明末，政局和社會多麼相似。

第三、桃花扇原作四十齣，加前有「試一齣」，中有「閏二十齣」、「加二十一齣」，後又有「續四十齣」，共四十四齣，其標目題名：先聲、聽稗、傳歌、鬨丁、借戲、訪翠、眠香、卻奩、鬧榭、撫兵、修札、投轅、辭院、哭主、阻奸、迎駕、設朝、拒媒、爭位、和戰、移防、閒話、孤吟、媚座、守樓、寄扇、罵筵、選優、賺將、逢舟、題畫、逮社、歸山、草檄、拜壇、會獄、截磯、誓師、逃難、劫寶、沈江、棲真、入道、餘韻。

陳宏認爲桃花扇原作太長、太複雜、涉及人事太多，需要簡化並重新架構，才合於現代舞台演出。經陳宏重新編劇的「桃花扇」（第七次修訂本，收「陳宏寫戲」一書中），有八場：湖畔、紅樓、深宅、夢境、投書、驚變、舊院、烽煙。

巧的是，民國八十三到八十八年間，我在台灣大學講國防通識的「國家安全」課，

「桃花扇」也是我重要參考教材。講「軍事戰史」課，用桃花扇更是精彩，導至明朝亡國的一戰，正是努爾哈赤與明軍的薩爾滸戰役，努爾哈赤以卓越的「內線戰法」，率六萬兵大敗明朝的四十萬大軍，是役乃中外戰史的經典作品，這是題外話嗎？也未必！陳宏新編桃花扇第五場「投書」點到爲止。

陳宏在編寫「桃花扇」時，說「我伏案燈下」，一面思索著演員的身段，一面在熱淚盈眶中揮筆。」（《頑石與飛鳥》第一八四頁），明朝已亡了幾百年了，陳宏爲何揮淚？他是爲一九四九年揮淚啊！爲自己在戰亂時代流亡，離鄉失親而熱淚盈眶啊！

再略述此期間陳宏發表的幾篇作品，分別是「國樂團訪德漢聲揚異域」、「從西樂菜畦到國樂田園：陳澄雄開創新天地」、「治學修藝，何必曰利：劉鳳學退而不休」、「王王孫與郭小莊」、「滌塵脫俗，振衰起敝，王王孫特立獨行」、「國劇也該現代化了」等，都收錄到他後來出版的《陳宏文存》。

一九九一年元月一日，這天陳府有喜，他們的長子（當年三十二歲）大誠，與徐以劼結婚後赴美留學。同年，學慧調台北市立景興國中任教務主任，她在這裡待了六年。

二、初結法緣．文藝評論獎．陳澄雄．裴艷玲（民81-83年）

時序不知不覺間已進入一九九〇年代，第一年（民80年）海基會成立、國統會通過「國家統一綱領」、「動員戡亂時期」終止，兩岸關係又邁向新領域，用我的解釋是國家統一向前邁進一大步，這是新境界。

在本階段對陳宏言，也是一個新境界，因緣際會裡與佛結下好緣，他與星雲大師初結法緣。但在陳宏自己的作品卻從未提到，或許他不願人家覺得他拉關係套交情吧！反而是星雲大師在自己的作品中提到，大師在陳宏的「封筆」作《我在　燈在》一書的推薦序說，初結識陳宏，是在一九九三年左右，當時文建會諮議委員郭嗣汾先生帶領近五十位藝文界人士一同上佛光山聯誼，陳宏即是座上貴賓之一。

大師接著說，結下這個法緣後，陳宏經常到佛光山以及各別分院採訪撰文，而佛光山四十多年的刊物「覺世旬刊」改版期間，他還親自參與研討會，提供各項建言。「人間福報」創刊第二年（二〇〇一）後，隨即開設「瞬凍生命的樂章」專欄，迄今未曾間斷，與佛光山的因緣，實在深厚。

誠如星雲大師，與陳宏的法緣深厚，事實上我研究陳宏一生的生命歷程，他五歲時已有觀世音菩薩的緣（詳見第一章第二節）。因而開啓他夫婦兩人，後來與佛教界諸多大師都有好緣好份，陳宏亦已皈依，學慧則是佛光山台北教師分會會員，這是後話。

陳宏發表最多的作品是藝文類（戲劇、音樂等），因而藝文界他也是一位名作家，民國八十三年他榮獲中國文藝協會「評論類文藝獎」。（他已得過諸多獎項，惟學慧極少提及。）同年，陳宏當選中國文藝協會理事，進一步爲中國文壇做出貢獻。

在本階段陳宏發表的作品（參見年表），音樂、戲劇和舞蹈是重點，如「看原野、談感懷、論影響」、「新古典舞團大陸去來」、「寫在裴艷玲首度來台演出後」、「樂壇中的春耕圖」、「管樂泰斗芬奈爾的忘年會」等。

陳宏有不少文章寫到老朋友陳澄雄先生，在「看原野」文，寫的是歌劇「原野」的演出，由任台灣省立交響樂團團長陳澄雄指揮，王斯本導演，參加演出的聲樂家包括海峽兩岸。陳宏寫「戲」不忘「人」，寫到陳澄雄把中華文化透過樂團帶到世界各地，力倡「中國人創譜中國特色的作品」，筆者雖不認識他，也要對他生起尊敬之心。

確是如此，筆者某日看人間福報一小方塊「辜媽媽深情清唱鎖麟囊」，內有幾段話，辜嚴倬雲說，京劇是中華民族的藝術瑰寶，傳揚忠孝節義，彰顯人間的公理正義。辜懷群亦說，爸爸（海基會前董事長辜振甫先生）常提到，「自己的文化自己愛，自己的家

鄉自己建。」(註一)

因有這樣的信念，像陳宏，像陳澄雄，才會讓人越覺其可敬可愛。那篇「樂壇中的春耕圖」，也是寫陳澄雄在樂壇的努力，文末以一個親往目睹聆聽的老者的喃喃自語一句話做結論：「莫非真的是脫胎換骨了?」。

「寫在裴艷玲首度來台演出之後」，是報導大陸椰子劇團，以裴艷玲的才華表現已俱「一代宗師」地位，可是她仍在融會貫通，尋找更高的境界。可以見得，任何藝術境界都是無止境的，我在想著，陳宏若不病倒，他目前在兩岸戲劇、攝影等藝術領域裡，是何種「領袖群倫」的地位?

三、採訪之旅：澳洲中天、南天寺：南非南華寺：金門、南投(民84-85年)

假如要問這兩年陳宏在忙些什麼?大概可以用一句話涵括，「忙著報導佛光山傳揚佛法和音樂戲劇。」

民國八十四年四月，陳宏隨團跑了一趟澳洲中天寺和南天寺，由黃天才領隊，同行作家除陳宏外，團員還有姚曉天、沈靖、王保珍、姚家彥、張默、張麗珠、徐賓遠、魏甦、朵思、書戈、黃文範、胡覺海、應未遲、陸秉川、劉枋、潘霦、湯國華、郭嗣汾、郭海霓、謝以文。（照片見書前）；八十五年底更跑到南非採訪南華寺及國人在當地發展情形。幾處佛光山海外道場跑完回來，他寫了多篇精彩的報導文學作品，皆膾炙人口之美文。

音樂戲劇方面，陳宏這兩年共發表十九篇文章，音樂戲劇領域佔了十四篇，這部份始終是陳宏的最愛。

此外，陳宏採訪戰地金門，報導其發展近況；採訪南投報導原住民音樂。這兩年可稱「採訪年」，他身爲記者，天天採訪新舊事物，但這兩年大大不同。

關於佛光山在澳洲建寺的因緣背景和經過，可以寫幾部回憶錄，此處不可能詳述的清楚。

中天寺在布里斯本與洛根市交界處的森林裡，現在是當地的重要風景名勝。說來真湊巧，當初在找地建寺時，此地原一片山林，經一位基督教牧師申請變更爲宗教用地，因經費困難未能開展，正好佛光山在找地，是故中天寺至今流傳一則故事：能在布里斯本建中天寺，是耶穌做的先鋒，諸佛菩薩收到的善果。

當時（民84年）住持依來法師，於中天寺第一期工程完成（民82年）奉命隨星雲大師在當年除夕到此，即遵師命留在中天寺，綜理推展寺務和傳法工作。多年來依來法師帶領中天寺，做的事包括僑委會、外交部、文建會等各部門政府工作。

但對依來法師最感人的信念，是一再宣稱透過中華文化的展示，使人耳濡目染，知道自己永遠是一個堂堂正正的中國人。寫到這裡，我很想問現在中華民國的各級官員，是否感到慚愧？有誰「敢」在立法院質詢時說：「使國人成爲堂堂正正的中國人？」

南天寺在雪梨近郊五龍崗市（Wollongong），這裡是一片丘陵地。建寺緣起於一九八八年旅居五龍崗的時嬌女士提出，後經慈容法師奔走，五龍崗市長歐凱爾面見星雲大師邀往建寺，各方面因緣具足。民國八十一年十月廿八日興工，星雲大師親往主持，見現地一派鍾靈毓秀氣象，當場留下法語：

五龍崗上法門開，十方大眾感應來；
弘法利生南天寺，菩提花果遍地栽。

至民國八十四年初，南天寺大部已算完工，現在也是當地名勝，當地政府已把附近規劃成「中國街」。經十餘年傳法，據聞佛教在澳洲已是大教派之一。

南非能建成南華寺，佛教竟能在地球另一端「非洲」開展，也足見佛光山那些師父們的能耐了。

一九九二年三月間，南非布朗賀斯特市議長漢尼・辛尼柯爾博士（Dr.Hennie Senekai）訪問我國，參觀佛光山時深受感動，表示要提供土地給佛光山建道場，做爲南非境內中華文化之特色。

簽約儀式很快在佛光山舉行，同年四月二日，自願前往南非的慧禮法師懷著星雲大師的理想，「佛光普照三千界，法水長流五大洲」，啓程前往南非籌建弘法道場。

第一期工程已於一九九六年四月六日完工，期間也碰到無數問題，都被這些佛光山「三頭六臂」的師父們擺平了。多年前，星雲大師以佛陀建教兩千五百年來，佛教從未能在非洲開展爲憾事，如今總算有個開始。

慧禮法師回憶說，當時到了南非，看到這廣袤的大地，這麼多樣化的人民，他熱血沸騰了，乃發下悲願，願畢生在非洲弘揚佛法，直到埋骨非洲，更願來世爲黑人，把佛法傳遍非洲大陸。

這是多麼偉大而感動天地佛菩薩的宏願，試想，佛教在亞洲傳揚兩千多年，亦不過如此，慧禮法師豈不要幾十世都必須輪迴轉世，再出生在非洲大陸。這實在太辛苦他了，願我佛慈悲，給他力量和助手，以完成這種「不可能的任務」！

陳宏這兩年的採訪之旅，還到了金門，辦了「金門影展」。我在這個戰地曾住了將近五年（三次輪調）。就在陳宏前往採訪前幾年，我才離開金門，對職業軍人而言，那裡是寂寞的地方，但現在大大不同了，據聞是全國福利最好的縣。

陳宏也到南投信義鄉，參加「原住民音樂教育推廣」採訪之旅，原來這也是音樂教育家陳澄雄想做的事，在他的努力下，教育部核准列爲「發展與改進原住民教育五年計畫」的一部份。陳澄雄不僅是音樂家，更是音樂教育家，陳宏心中一位尊敬的好友。

這兩年陳宏寫的有關音樂戲劇文章最多，內容包括記匈牙利交響樂團來訪、九五年作曲研習營、國光劇團如何扮演好角色？省交響樂團全省巡迴打擊樂、向福奧音樂教育工作者致敬、安陽豫劇團訪台、蕭唯真琴音（響）響東歐、流行音樂等，還有大陸作家李國文筆下的眾生相等。

四、「漸凍人協會」成立、陳宏不適、參訪與寫作的高峰（民86-87年）

這兩年真是很「神奇」的兩年，「中華民國運動神經元疾病病友協會」成立，俗稱「漸凍人協會」。但也就在這年（民86）時，陳宏開始覺得雙腳走路不太順暢，隔年赴美參加小兒子博士班畢業典禮，左腿肌肉開始無力。（註二）

「漸凍人協會」成立時，社會上絕大多數不知道那是什麼！加上現代社會人人忙碌，反正世上的病也夠多了，又不是自己生病。因此，很少人去關心，協會成立時正好台北市馬英九任市長，馬市長在後來爲陳宏《生命之愛》（香海文化、二〇〇四年）一書寫序，提到這種情境：

台灣的漸凍人非常的弱勢，以前的病友幾乎無人聞問，雖然逐漸受到社會的關注，而在民國八十六年七月正式成立了漸凍人協會，我也加入成為協會志工，但是社會的支持仍顯不足。我盼望藉著陳宏先生的書出版，喚起社會大眾對漸凍人處境的了解，進而重視關懷，幫助他們。

馬市長（二〇〇八法統重光任總統）在該文勉勵，能夠學習陳宏先生的勇氣和鬥志，必能海闊天空，他說：「世界上最廣闊的是海洋，比海洋更廣闊的是天空，比天空更廣闊的是人的心靈。」確實，這些年來，陳宏成了漸凍協會的「重要資產」，歷任理事長都用這個現成的「典範」，啓示了很多人，各界對這個組織也有進一步了解。本書的女主角學慧已連任兩屆漸凍人協會理事長，她任內進行多項重大活動，隨本書後面論述，將有更爲動人的故事。

這兩年也是學慧思想轉變的關鍵年代，大約這時學慧在國父紀念館，聽星雲大師演講，讓她從此對佛法改觀，也確認了信仰。這多麼重要，等於是確認了人一生的最終極方向，對生命無常、緣起性空、因果輪迴或緣起法等，在她心中確認是一種「真理」。這時學慧大概快六十歲了，從此人生無惑無疑，因爲有了佛法。

說到民國八十六年陳宏發表的作品，共有六篇（見年表），兩篇有關南非是去年的採訪，兩篇金門的報導，都是報導文學的範疇。另一篇寫的是大陸作曲家王西麟先生，「中國傳統戲曲音樂是交響樂創作的重要源泉。」，其實在其他領域（文學、美學及其他）也是，五千年中華文化是取之不盡的活水，王西麟、陳宏及所有中國的創作者，皆如是看法。

一九九八年對陳宏而言，是個超忙、創作超多，對我而言是覺得很神奇，或說有些「詭異」的一年。爲何說「詭異」？這一年陳宏發表二十篇作品，是他在各年代中，發表量最多的一年（見年表）。是不是他警覺自己身體的「不妙」，想把該做的、該寫的，拼老命盡快完成？如今無從求證，我這寫他二人傳記的，不得不如是判斷！

這二十篇作品的內容，大致旅行報導、闡揚佛法、音樂戲劇及教育文化等四區分。除音樂戲劇是陳宏的最愛也最具權威的發言權，大概是本書著墨較多者，可惜筆者在音樂戲劇方面，實在欠缺可以「端出來」的素養，餘三者也只能簡單做個介紹。

旅行報導方面，這年陳宏去了美國、香港和海南島，回來都寫了頗長的報導作品，不及細說。倒是那篇「香港之旅的另類體認」，陳宏考證了孫中山先生的革命思想，身爲中國人應有所反思。

考證文獻資料，孫中山先生一九二三年二月二十日，曾在當時的香港大學演講，第一句話說：「此次返香港，如返自己家鄉一式」，又說：「從前有人問我，你在何處？及如何得到革命思想？吾今直言答之：革命思想係香港得來。回憶三十年前，在香港讀書，功課完後，每出外遊行，見得本港衛生與風俗，無一不好，比諸我敝邑香山，大不相同。由此想到香港與內地之比較，香港開埠不過七八十年，而內地已數千年，何以香港歸英國掌管即布置得如此妥當？」

爲什麼？我想這是很深、很深、很深又很廣泛的問題，若要深入討論，涉及「中體西用、西體中用」，乃至中華文化的現代化問題。

這一年陳宏有多篇闡揚佛法的文章，「迷•悟•一念間」，這「一念」就掌握在每人手中，轉變並非都高不可攀；「種福因，得善果」，談到「四攝」、「六度」如何落實在生活和工作中！就是星雲大師常講的，「給人信心、給人希望、給人歡喜、給人方便」，不就是學生時代口中常念的「助人爲快樂之本」嗎？原來「四攝」、「六度」給陳宏一講，變得「知易行易」，大家也願意去實踐，佛法才能普遍。

「地獄不空、誓不成佛」，是陳宏報導「台北市傳統藝術季」期間，新古典舞團與台北市立國樂團演出的節目。整整九十分鐘，一氣呵成，美與感動非筆墨能形容。

民國八十七年這一年，陳宏也發表一篇回憶七十七年訪問陳立夫的文章，當時問題敏感而未發表。這篇「弘揚中華文化。陳立夫大老不老」，除幾點敏感問題外，主要引立公講「究竟什麼是中華文化？」

「無私無我之公，成己成物之誠，立人達人之仁，不偏不倚之中，日新又新之行，知斯五者，則知中華文化之精義矣。」

「顯道以公，律己以誠，待人以仁，處事以中，成物以行，知斯五者而篤行之，則身修，亦足以宏揚中華文化矣。」

陳立夫先生甚至說，若國人把四書五經全丟棄，中華文化都不要了，其結果就是「亡國亡種」。證之毛澤東的「馬列化中國」、台灣獨派搞的「去中國化」，都以消滅中華文化爲目的，都走入「死路」，說明當年陳立夫先生不是危言聳聽，中華子民千秋萬代不可再犯這種錯！

五、確認得病、積極創作、昏迷送醫（民88-89年）

前文已提到，在一九九七年時陳宏已覺身體不適，據學慧說也曾到處求醫，可能初期剛開始，陳宏身體原來很好，「老本」尚在。所以，陳宏在這幾年還是有大量作品發表。

但大約是一九九九年初，醫界已確認陳宏是罹患「運動神經元疾病」（Moter Neuron Disease, 簡稱 MND）（註三），俗稱「漸凍人」。雖然如此，陳宏這年卻仍有十一篇作品發表，內容都在文學、音樂領域，二月他參加申學庸教授「生命是一首澎湃的歌」，陳宏記錄整個過程，也寫到劉塞雲、樊曼儂、林秀偉、呂麗莉、林懷民、陳澄雄、莊本立等人的回憶、致詞，使讀者如親臨其境。

在這十一篇作品中，有一篇很特別，他突然成爲一位「心理諮商師」，比較像是心理輔導，回答一位陌生人因失戀的來信，陳宏以往似未曾扮演這種角色。「給一位自稱失戀的朋友」，民國八十八年元月發表，此時陳宏已是一位名記者，多項藝術領域才華、能力具備，亦有媒體人的媚力，故有「患者」寫信求助吧！

據我個人觀察、判斷，現在這些記者若接到一封失戀者寫來的信，不過吐些苦水吧！

根本懶得理他。而陳宏卻「正經八百」寫一篇文章發表（回答問題），文中當然要勉勵一番，並告訴那位失戀者，「得」與「失」是一體兩面，失去從另一方面看也是「轉機」。

最後陳宏「一針見血」直指，只要自己能站得穩，挺得住，任何「願景」都有變成事實的可能；相反地，如果自己總是軟趴趴的，拉也拉不起，扶也扶不正，就是近在眼前的美景，也會頓成虛幻。

陳宏簡單幾行白話，如人生之「定律」，幾可放諸四海皆準，相信那位失戀者必定受用，且從此莊敬自強。而此時，陳宏的身體肌肉、四肢，快開始身不由己了，他仍這樣樂觀、積極去鼓舞一個不認識的人，失戀了，寫了封信給陳宏，可能因而改變人生。

公元兩千年，民國八十九年，對陳宏乃至學慧和家人，必定是生命中難忘的「關鍵年」。這一年，是陳宏還能用手親自書寫作品，用腳親踩這塊土地的最後一年，事實上只有三個月。

前面的三個月陳宏已發表六篇文章。四、五月各一篇，都是倒下之前寫好的作品。此時身體活動已很困難，陳宏在作品中提到，兩千年的年初已必須依手杖蹣跚而行，仍存一線希望，由夫人學慧陪著到處看醫。

陳宏在「病急也不必亂投醫」提到，他們曾經作過拔罐，放血治療，甚至中藥、藏藥、針灸、推拿。又聽創辦「漸凍人協會」的蔡清標醫師說：「除了大陸石家莊的一家中醫院曾發表研究成果外，目前無藥可醫。」

家人抱著姑且一試的心理，敲定三月三十日到石家莊看病的行程。但陳宏不以爲然而作罷，經歷這麼長時間的治療，陳宏必定早已查遍中外文獻，無藥可治就是無藥可治，何必勞師動眾，到頭來也是白做工！

事後在陳宏的作品提到，這個決定是正確的。因爲不久，四月六日中午陳宏就因呼吸衰竭昏迷送醫，住進了國軍松山醫院，就再也沒離開過病床，形同「凍結」在床上。如果真的去了石家莊的中醫院，想必急救設備沒有台北好，更爲不妙，且遠在天邊，徒增家人困擾。

也因此，陳宏雖身體凍結如頑石，卻開創如菩薩行的「凍結修行」，把自己修成了一尊臥佛，多麼神奇的因緣。如菩薩示現，不可解，言不盡，意更無窮。

但陳宏自己說：「以前，每天的行程總是排得滿滿的，嫌時間不夠用，好期待星期天，可以睡個懶覺，啊！就覺得是一大享受。」

誰知道，「老天竟然給了我一個無盡期的長假……」他前面的人生太辛苦了，老天要他休假、休息，在靜止狀態中修行。

當陳宏倒下的前一年，民國八十八年，學慧已意識到自己的長期抗戰才要開始。這年八月一日他專案申請，從華江高中教務主任退休，她要陪夫君度過每一個晨昏，當陳宏只剩眼睛能眨動時，學慧的功能可大了，後章再詳說。

註釋：

註一：人間福報，二〇〇九年十一月廿四日。

註二：人間福報，二〇一〇年七月二十六日，第九版。

註三：關於「運動神經元疾病」（Moter Neuron Disease），在陳宏書上稱謂，另有「運動神經元病變」（Amyotrophic Lateral Sclerosis, ALS）。還有在人間福報二〇一〇年七月二十六日的報導，稱「ALS」的中文譯詞是「肌肉萎縮性側索硬化症」。何者為正確用詞？非本書研究重點，自有醫界確認，提供參考而已。

第六章《陳宏文存》、《眨眼之間》到《生命之愛》

名記者、名攝影家、名戲劇音樂評論家陳宏，他的身影，他的聲音，他的美妙文章，突然間，戛然而止！

這必是陳宏倒下，住進醫院，開始那段時間，外界所感受到的情境！

絕大多數的人被醫界如此「宣判」，無藥可治，最後將完全凍結在一張床上，直到生命結束。當事人會怎樣？人生的末日是必然的，就這樣躺著了此殘生吧！

陳宏終究是陳宏，他突破了這個人生最大的困

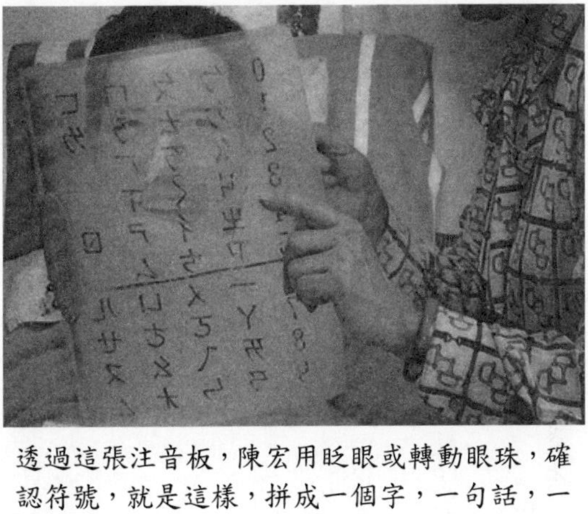

透過這張注音板，陳宏用眨眼或轉動眼珠，確認符號，就是這樣，拼成一個字，一句話，一篇文章。

境和有形外相的限制，開創出另一個寬廣的世界。本章寫他病後四年間的心路歷程，約是二〇〇一到〇四年，作品從《陳宏文存》、《眨眼之間》到《生命之愛》。

一、病後適應期．轉念成功

陳宏終究也還是一個「人」，修行也不是一步登天的。如何接受自己已經倒下的事實？剛開始醫師囑咐家人準備輪椅，陳宏聽了很反感，斷然說：「我要自己走！我不要坐輪椅！」不久，想坐輪椅，已屬奢求。

所謂的「漸凍人」雖是漸漸的凍結，但其實陳宏昏迷送醫後，在加護病房住了五十多天後，轉入普通病房，避過立即的危險，但不能止住凍結的持續惡化。

大約到兩千年底至次年初，陳宏已全身癱瘓，不能進食，不能言語，僅靠兩條管子維持生命：一條由呼吸器通到氣切口，一條由鼻孔通到胃以供灌食之用。

偏偏他的心神意識全都清醒，面對這樣困局那能不煩惱，但他又想，徒嘆何用？他開始「轉念」，在他的《眨眼之間》一書提到這個轉念的開始：

我想到「一切唯心造」這句話。試著忘掉那些不愉快的，珍惜僅有的，已擁有的。我想到因果之說。現在的果，應是過去的因造成。我當為自己的業障負責，坦

然接受業力的果報，於是，我懺悔、慚愧，進而感恩、發願。（註一）

有時候他清醒過來，驚覺「我的衣著被脫光，是赤裸裸的，全身貼了不少心電圖的測鈕……每當她們四人一組，爲我翻身、擦澡，或清理排泄物時，雖把布簾拉起，但在簾內，我還是免不了赤身露體去面對。儘管她們仍是談笑自若，視而不見，可是我卻已羞愧難當。」

凡此，都是一種調適、一種掙扎，一種轉念過程所需面對的難處。後來他只有這樣調適：「人病了就沒有尊嚴可談。」也確是，堂堂大男人一個，現在全身脫光光，任由護士小姐們翻身、擺佈、看光光，只有如是想了！

慢慢的，其實他適應的很快，幾經折騰後他說：「病，本來就是一種磨難。有人說磨難也是修行。」他深深體悟到先賢說的那八個字——「逆來順受，隨遇而安」，他已經感受到「的確使我受用無窮」。（註二）

當人們學會了放下、看開，似乎一切都變得簡單、輕鬆。大約經過一年的適應，他已能「直下承擔」自已的現狀。陳宏躺在床上，身體已和病床凍結在一起，但他心思清醒，他回首前塵往事，生於戰亂，少小離家，從小「家」就是迷迷濛濛的一個懸浮物，

望之在前，卻之又碰不到，「現在我倒是真有些即將回家的喜悅了。」（註三）

陳宏說，從前沒有想過「把握當下」的問題，現在才懂，實際上，我依自己的經驗和對外界的觀察，除有修行的人才知把握當下，餘皆不會，有積極創業精神者拚命向前衝，活在未來；無進取心者「原地踏步」，沒有未來，當下亦非自己所有，只是掙扎、度日！

但我研究像陳宏這樣的人，不論病前病後，雖不能說是超凡，但絕對不同於常人，可以成爲許多人學習的典範。回頭看他一人來台，沒有學歷和財產，可謂「兩袖清風、孤家寡人」，不數年竟得美人嬌妻、成家立業，成爲凱旋工業公司董事長，在藝術領域開創出「陳宏風格」，讓國內戲劇界大演「向陳宏致敬」大戲（後說）。

如今病倒，也病倒的和所有病人不一樣，他倒成一尊臥佛，開展陳宏式的普渡眾生，開創漸凍人以無言示相講經說法的新典範。這是陳宏不一樣的地方，他病的有價值。他說：「病帶給我莫大的磨難，但也啓發我另類的思維，同時更使我體悟到煩惱即菩提的妙義，原來煩惱破解之後，菩提大道就在眼前。」

或許，若陳宏不病倒，若陳宏始終健康良好，若陳宏始終沒有任何磨難，他或許還是過著幸福美滿的日子，但這條「菩提大道」可能永遠不會示現在他眼前！

這是陳宏病後的第一年，他的調適很快，他的轉念（轉型）算是很成功的。

二、陳宏開始「眨眼」寫作及《陳宏文存》出版

二〇〇一年算是陳宏病倒住院的第一年（前一年昏迷送醫），也差不多不到一年的調適、轉念，陳宏又「站起來了」，以另一種「型態」起來，再開始創作，很是神奇吧！

原來學慧學習使用一種「注音符號溝通板」協助陳宏寫作，因陳宏已不能言語，全身凍結不能活動，只有「眼睛」還能眨動，陳宏便利用眨眼和外界溝通、創作。例如當陳宏想說「大」這個字時，就會睜大眼看老婆（學慧），表示「有話要說」。學慧於是拿起注音板念著「0、1、2、3……8、9」，念到1時陳宏會看妻一眼，妻確認陳宏的意思後，繼續念1這一列的「ㄉ、ㄊ、ㄋ、ㄌ」，念到「ㄉ」陳宏又看妻一眼，有了，就是這個字。

漢字由聲母和韻母組合而成，妻念完聲母，接下來從「6、7、8、9」念起選韻母，當念到7時，陳宏又看妻一眼，了解，就是7這一列；「ㄚ、ㄛ、ㄜ、ㄝ」，念到ㄚ又看一眼。所以這個字就是「ㄉㄚ」，但四聲是那一聲？到一段落再斟酌拼湊出來。（註四）

可見陳宏這時的創作多麼艱難！是用眼睛「眨」出來，兩人合作（通常是妻子學慧），辛苦一天下來才得數十字或百餘字，正常一篇約五百字散文要花一星期。

這麼艱難的「寫」作條件，陳宏在二〇〇一年已開始在人間福報每週發表「瞬凍生命的樂章」。（註五）

陳宏病倒，學慧首先想到自己應從職場抽身出來，全心全意照顧他。同時商議好友張澄子老師幫忙整理陳宏的文稿，陳宏發表過的作品很多，今只精選、整理一小部份。學慧才嘆服自己的枕邊人真是學問淵博，往昔都是各管各的，如果這輩子能重來，一定要多留時間給家人。

經整理後的《陳宏文存》共八本，均由張澄子主編，出版者都是有容文化工作室，出版時間略有不同，但都在二〇〇一年。以下是這八本書。

「陳宏看戲」。

「陳宏寫戲」。

「生命是一隔澎湃的歌」。

「話說攝影」。

「群賢雅集」。

「說戲」。

「瓜棚豆架下」。

「有情世界話題多」。

以上八本並非陳宏病前的全部著作，他在民國六十二年已由英文中國郵報社出版一至四冊攝影漫談，六十四年又出版攝影一席話。至此，這十一本書的總字數約百萬，可謂陳宏病前人生智慧的結晶。今只針對《陳宏文存》簡介。

「陳宏看戲」，是應文建會之邀，寫國劇故事後的延伸。本書選十個劇目（四進士、四郎探母、霸王別姬、群英會、完璧歸趙、白蛇傳、打漁殺家、鍾馗嫁妹、脫骨記、梁祝），做導覽式的介紹。

「陳宏寫戲」，將古典文學作品重新編劇，以適合現代舞台演出，並活化古典戲劇。本書包含陳宏的一篇長文說明，三個新編劇目：「桃花扇」、「李逵鬧梁山」、「山中狼」。

「生命是一首澎湃的歌」，音樂戲劇較多，並非專論，一個資深記者對當代樂壇的記述，有抒感、紀盛、懷人三部份。

「話說攝影」，以淺白講述攝影專業，多談觀念，少說技術，讀者不會覺得太枯燥無味。書中也有很多經驗談，有心學不難「開悟」。

「群賢雅集」，算是記者的採訪實錄，對當代群賢之側寫，包括陳立夫、蔣復璁、王宇清、王王孫、王國璠、劉鳳學、陳澄雄、劉枝萬、李國文、單偉儒，乃至晏陽初，都在陳宏筆下「再詮釋、再定位」。

「說戲」，陳宏自謙是戲劇圈外人說戲，其實他是從小看戲長大的，加上天賦和自學，在我看來他已算行家。在本書，那個時代的「大戲」，陳宏筆下不僅言人之未言，橫看側看具有其趣。

「瓜棚豆架下」，全書分四部份，「一念間」爲勵志小品，「遊子吟」有很多參訪紀行，「憶兒時」童年回憶，「拾零札記」各種感懷，人生啓示。

「有情世界話題多」，是「大華晚報•一周話題」選輯，有採訪，有當時新聞話題。陳宏加以分析、探討，或破解真相，內容很廣泛，如人生與大千世界的呈現。

在陳宏病倒開始那一年多，還有一件重要因緣發生，或許也是必然，他開始和「漸凍人協會」有些關係。他在未臥病之前，也不知道「運動神經元」的病是什麼？也沒有聽過「漸凍人」這名號。

及至病了，才知道這方面訊息，在這節骨眼，漸凍人協會的要員們出現，理事長、秘書長，如及時雨般陸續光臨。陳宏在《眨眼之間》「眨」著說，這是「一個愛的大家族」：

> 在那年耶誕節前，理事長率領一個慰問隊伍來，把耶誕老人的帽子擺在我頭上，把鬍子掛在我嘴邊；在他們輕快的歌聲中，我像是從病床裡躍起，跳上雪橇，在昏暗的街燈下，去尋找每一個快樂家庭的煙囪。（註六）

這個耶誕節不是兩千年就是二〇〇一年，爲什麼說這是重要的因緣？因爲不僅可以得到組織的協助，陳宏後來成爲漸凍協會活廣告，喚起很多人關心這種病，陳宏是漸凍協會的「重要資產」、「協會之重寶」。而陳宏的愛妻劉學慧、聰明能幹的本書女主角，後來也擔任兩屆漸凍協會理事長（至本書寫作時），爲協會做了很多驚人事業，後文再述。

三、二〇〇二年及《眨眼之間》出版

這年的元月一日，「漸凍人會訊」創刊，這也是重要記事，因爲是「漸凍家族」的重要消息平台。

春節，陳宏仍在國軍松山醫院，是在這家醫院過的第二個春節，愛妻兒女必是在這裡陪著老爸。

二月十四日，英文台北時報總編輯朱立熙來醫院探視陳宏，老朋友碰面他們能「心交」，能用「拈花微笑」的方式溝通。

但朱先生主要是送來他自己改良的「透明注音符號板」，可以改善原先較費時費力的板子。按朱先生所言，若能改善雙方互動的角度（也就是把兩人的視線與板子連塑一條線），陳宏用眼睛寫稿的效率一定更高，外界也較不會誤解。朱先生用攝影術語告訴陳宏，把眨眼的速度，像照相機的快門速度從1／125秒放慢爲1／30秒，讓溝通者看得更清楚，誤差率就會降低了。

陳宏微笑眨眼，表示了解、同意朱立熙先生的改良版溝通法。但他心中更溫暖的，是這位老友如此的用心，雖身如頑石、受盡磨難，也覺得人生至少還有一些安慰。

三月九日，妻子學慧和一群朋友，由中華民國漫畫協會理事長唐健風先生主導，在松山醫院禮堂爲《陳宏文存》八本新出版的書，舉行新書發表會。陳宏在一篇文章講他的感想，「臥病在床的我，當然不能親自與會，但媒體朋友還是移駕到了病房。」不由得想起以前在新聞工作上，曾跟過的三位老闆，溫文敦厚的大華晚報社長耿修業先生、機智多謀的中國郵報董事長黃遹沛先生、務實儉約的世界新聞大學老校長成舍我先生。

從新書發表會的一篇文章，寫到三位老長官，是陳宏的回憶，也是他的感慨。這篇叫「前輩們的照顧」（張澄子記錄）結論寫道：

> 往事歷歷，如在眼前，我幾乎忘了自己是個全癱的病人。回想起來，在這近二十年裡，我並沒有和成老見過多少次面，可我認為他對我的啟發很大。三位前輩去今已遠，但他們的餘蔭猶在。（註七）

有像耿社長、黃董事長和成老校長之哲人風範，影響了陳宏，在我研究陳宏，讀陳宏作品，確實發現陳宏也有如他們那樣的文化和行誼素養。難怪現在各界（如戲劇、攝影、新聞）還有很多人在懷念陳宏，他雖已「退出江湖」，江湖至今沒有忘記他。

二〇〇二年最重要的事，應是十二月間，由圓神出版社出版「眨眼之間——漸凍人陳宏的熱情人生」一書，含陳宏自序在內有三十一篇短文，記錄、整理人有劉學慧、黃麗梅、彭寬怡、陳大謀（老三）、張澄子，而以劉學慧和張澄子爲主力。這是過去一年裡陳宏辛苦眨眼多少萬次，及這麼多人配合的成果，可謂「惜墨如金」。

本書有朱立熙先生和中時晚報副總主筆彭蕙仙的推薦序，「彭序：半杯水的馬拉松競賽」，提到「潛水鐘與蝴蝶」的作者多明尼克·鮑比，他們都有相同感人驚人的故事。

《眨眼之間》這本書後面，收錄陳宏在松山醫院走廊開攝影展，他所展出的部份攝影，如「久違了，太陽」、「門之組曲」、「積善之家」、「世事無常」……都是「神奇」之照。攝影我雖外行，還是能感受「意象」之神奇！

二〇〇二年裡，陳宏還有什麼大事可記述，還有很多，電視、報社、雜誌、高僧大德……常會想起這尊「臥佛」。三月一日「樂覽」雜誌專文報導陳宏，（見中學庸「慰問陳宏先生」，該雜誌二〇〇二年第三十三期）。他的病房經常很熱鬧，常有人想來「取經」，或感受一點啟示，乃至因而頓悟。

這一年還有一件事不能略說，本書女主角學慧和長媳以劼獲中華民國婦女聯合會模範婆媳獎，這當然是對當事人至高的肯定。但看她，如心經「不增不減」一樣，一如往昔，對她而言，「風範」如同生活一般平常。

四、戲劇界「向陳宏致敬」與《生命之愛》出版

二〇〇三、〇四年，陳宏（或陳府）的頭等大事，應是國內戲劇界「向陳宏致敬」，專場演出「孔雀東南飛」；以及病後第二本書「生命之愛——在眨眼之間」，由香海文化出版。

先從二〇〇三年回顧，這年春節陳宏仍在國軍松山醫院，是陳宏病後躺在醫院病床的第三個年頭。

這年無端來個SARS大風暴，世界瞬間大亂。松山醫院被征召，專收SARS病患，陳宏經一陣顛沛流離，順利轉到忠孝醫院。我以爲，這對陳宏是有利的轉機，畢竟松山醫院是「軍醫院」，限制較多；忠孝醫院是市立醫院，較有彈性，也較有「人味」後來證實是。「新翔病房」能在忠孝醫院成立，專服務「漸凍」病患，是醫病界的創舉。陳宏在一篇文章說：

> 環顧這個嶄新的環境，空間雖不大，但窗明几淨，採光良好，透過窗口可以欣賞到因晨昏陰晴變化不同的景觀。就是沒有電視，沒有冰箱，沒有電話，朋友和家人怕我不習慣，其實像這樣適合清修的地方，我心嚮往已久。

好環境有助陳宏持續創作，他住的位置又適合清修，他正需要清修。此後他的作品又不斷湧出，環境是有關係的，他覺得「茫茫人海中爲我找到個歸宿」，心定下來了，直到現在仍住忠孝醫院。

國光劇團專場演出「孔雀東南飛」，是國劇界「向陳宏致敬」的劇目，主旨是感念陳宏在戲劇領域的貢獻，生命雖受到「漸凍」之苦，仍不失爲一個勇士，足爲各方典範，等於代表社會各界對陳宏致敬。按「藝訊」第三十九期，演出時間是二〇〇三年三月二十二、二十三兩日。

前文提過陳宏老早修編「孔雀東南飛」，這原是民國二十幾年名編劇家陳墨香編成京劇，王瑤卿編曲並做修潤，程硯秋領演，後來張君秋唱腔也流行。陳宏修編重點在加入「香囊、箜篌、蒲葦、磐石」意象，大幅提升了文學意境。

這場演出的藝術總監是王安祈，演出者有青衣劉海苑、小生孫麗虹、醜婆旦劉復學（反串）、旦角陳長燕等，都是當代戲劇藝壇領域大師級人物。我寫本書時，「畫魂」正在兩廳院上演，亦是王安祈編劇。（註八）王安祈在「無限的啓示」一文說到「向陳宏致敬」的緣起：

> 去年底到國光上班之後，偶然聽到劉海苑想唱「孔雀東南飛」，當下心頭一動，何不以此做為致敬獻禮？劉海苑曾拜張君秋為師，前中國京劇院的李超老師特別將新增部份以張腔編成，朱錦榮、孫麗虹、劉復學等位都與陳宏先生相識多年，聽說這項演出計劃都積極的全力以赴，這場演出一下子就確定了……陳宏老師，生命無常，而你給我們的啟示無限的，祝福您！（註九）

這是戲劇界對陳宏的感念，是一種恆久難忘的真情。但說到「孔雀東南飛」的修編，應是陳宏最早種下的因緣。回顧本書寫到民國七十年陳宏修編這部古典名作，當時還「匿名」，體現陳宏嚴守分際的風格，多年後才真相大白。王安祈在「向陳宏致敬」一文揭開了歷史面紗，照錄如後：

我從張安平那裡看到一份「孔雀東南飛」修編本。張安平是「大鵬」著名的程派青衣，不僅傳統戲唱的好，還積極尋求程派戲路的突破，曾經以程腔唱過「坐宮」、「白蛇傳」等戲，而她對程派名劇（同時張派也流行）「孔雀東南飛」的劇本也有意見。據她說她曾請一位文化界人士幫她講解原詩，本來只是想有助於她對人物的理解與塑造，沒想到講詩過程中他們同時覺得劇本還有修改的空間，於是講詩的老師很快就提筆做了修編，把原詩中的「香囊、箜篌、蒲葦、磐石」意象加入，全劇的文學意蘊一下子就增強了很多。當時是民國七十年，京劇以「復興傳統」為主流風氣，無論新編或創作風氣都還剛剛開始，我面對著一份傳統經典的修改本覺得非常興奮，一再追問這位「文化界人士」的真名實姓，張安平始終不肯透露，他說因為對方在新聞媒體界服務，怕她宣傳時有所顧忌，乾脆匿名。若從今天的觀念回看當時的顧忌，大概會覺得很難理解，然而二十年前京劇創作風氣剛開始的時代，新聞媒體界以匿名方式跨足創作是非常「守分際」的表現，而張安平也是直到戲演出之後才告訴我原來是陳宏修編的。幾年後風氣改變了，陳宏幫張安平全新編「桃花扇」之時，才用了真名。（註十）

原來陳宏修編「孔雀東南飛」曾有一段秘聞，也見陳宏這個人多麼嚴於律己，嚴於遵守分際和角色。確實，研究陳宏一路走來，尚未發現有「八卦」等事。

二〇〇四年有很多大事，每一件都深值春秋筆大書特書，對陳家或我們這個社會，皆可謂可歌可泣。如學慧得台北市模範母親獎，市長馬英九（今總統）親自頒獎；今年起，學慧「代夫出征」，以陳宏分身之名，到很多監獄佈道傳法，講陳宏用「眨眼」寫作的故事。桃園女子監獄教誨師王麗玲有一篇短文在「金囍」紀念集，其中一段說：

「天底下有這麼厲害的人嗎？還會用眼睛寫字出書！唉ㄚ又是一個虛構的故事，想來哄我們，說好聽一點就是鼓勵我們這些人呢！老師勵志的書我們這裡看多了，只是這個故事也編的太誇張了吧？」

這是我們桃園女子監獄全監推廣閱讀，所共讀《眨眼之間》這本書時，同學們

> （我們稱收容人為同學）的質疑，她們本來就不太信任許多的事情，何況是漸凍人還出書。我也開始好奇陳宏是何許人也！我想邀請作者與讀者見見面。於是就把這想法告訴很用心做教化的于淑華科長……（註十一）

經過許多轉折（碰到SARS），最後讀者終於到醫院看到作者，真相大白，果然不是虛構的故事，那一刻，他們嚇呆了（受到震撼），不可思議……。

而凍結在床上的陳宏，這一年也沒有「白躺」，大概也很少「閒著」，因爲他大約一年前就開始「寫」他病後的第二本書，這真是「慢工細活」。

這年陳宏終於正式成爲佛教徒，由佛光山心定和尚親自到床前爲他主持皈依儀式，滿謙法師和香海文化執行長蔡孟樺亦陪同出席觀禮。雖只是簡單的儀式，但意義重大，星雲大師說過「皈依如同學校註冊」，必須註冊完畢才算該校學生。陳宏自童年就有佛緣（見第一章），今年七十三歲才正式皈依，他早已在行「菩薩道」教化眾生之大業。

將近一年的努力，陳宏病後的第二本書「生命之愛——在眨眼之間」，終於在二〇〇四年七月由佛光山系統的香海文化出版。本書少部由王玉玲、陳大謀、張澄子、陳宛麟，及多數由黃麗梅、劉學慧等多人，配合整理成書。較特別並使本書增色，是蔡榮豐的佛像攝影，有朝代年代詳註。當然爲本書背書者都是台灣當代社會之俊傑，有市長馬英九、永芸法師、畫家梁丹丰、人間福報主筆馬西屏、王安祈、王西麟等。

新書發表會的同時，馬市長代頒周大觀文教基金會「全球熱愛生命獎」給陳宏。在「生命之愛、溫暖人間」這篇短文，陳宏「眨」出對參與這場盛會貴賓的感恩，包括對馬市長、醫院、漸凍人協會、周大觀文教基金會創辦人周進華先生、慈容長老、台大教授李惠綿、《生命之愛》的出版者等等。是「陳宏精神」感動了許多人，啓蒙了很多人，眾生因他而改變。

註釋：

註一：陳宏，眨眼之間（台北：圓神出版社，二〇〇〇年二月），頁三十。

註二：同註一，頁四九。

註三：同註一，頁一三八。

註四：注音板的運用和程序詳解，可看陳宏著，我見過一棵大樹（台北：香海文化，二〇〇六年十月），編後記，劉智惠，「生命書寫的大書」一文。

註五：陳宏何時開始在人間福報發表「瞬凍生命的樂章」？不很確定。但按星雲大師為陳宏《我在 燈在》一書提序所述，應是二〇〇一年，見該書頁四—五。

註六：同註一，頁一六六—一六七。

註七：同註一，頁五五—六七。

註八：王安祈，國立台灣大學文學博士，台大戲劇系所教授，國光劇團藝術總監，一九八〇年代開始為「雅音小集」、「當代傳奇」編寫京劇劇本，與郭小莊、吳興國、朱陸豪、魏海敏等京劇名家合作，劇作十餘部。一九八八年當選第十二屆十大傑出女青年，一九九〇年獲青年獎章。二〇〇二年以來，新編京劇有「王有道休妻」、「三個人兒兩盞燈」、「金鎖記」、「青塚前的對話」、「歐蘭朵」、「孟小冬」等。二〇〇五年獲第九屆國家文藝獎，二〇一〇年以「青塚前的對話」，獲第二十一屆金曲獎最佳作詞人獎。「畫魂」是二〇〇九—二〇一〇年音樂季壓軸旗艦製作，演述三〇年代傳奇藝術家潘玉良的故事，潘玉良從目不識丁的青樓女子，成為二十世紀偉大的藝術家之浴火經過。這齣歌劇原著石楠，作曲錢南章，編劇王安祈，演員有朱苔麗（演潘玉良）等，都是現在藝界明星。

若陳宏現在能健康活動，他必是坐上賓，且要寫多少文章？已是「古人」潘玉良，陳宏應不陌生，而製作演出者有多位和陳宏也是老友。只能說老天叫陳宏另有任務吧！

註九：王安祈「向陳宏致敬」一文，原在演出專刊，後收在陳宏著，生命之愛（台北：香海文化，二〇〇四年七月），頁六九—一七二。

註十：同註九。另可參考「向陳宏致敬：孔雀東南飛」小冊，國立國光劇團，民92年。

註十一：唐健風總編輯，金囍（台北：有容文化工作室，民國97年8月16日），頁一二八。

第七章《頑石與飛鳥》、《我見過一棵大樹》

二〇〇五年陳宏在忠孝醫院度過第二年，由此開始的這三年，有許多陳宏和劉學慧的「大歷史」，對社會各界很有啓示作用，深値筆之於書。

《頑石與飛鳥》、《我見過一棵大樹》二書的出版，信誼兒童基金會再版陳宏早年成名的兒童文學「太平年」，陳宏榮獲「全球熱愛生命獎」和「文學創作獎」等。二〇〇七年更榮獲「金氏世界記錄」，馬英九親自頒獎。

妻子劉學慧手捧「全球熱愛生命」獎座，這一獎項凝聚著她巨大的辛勞與付出。

學慧仍在監獄、學校傳揚「陳宏精神」，乃至延伸到忠孝醫院「祈翔病房」的成立，「漸凍人協會」的活動等，都有極感人的故事。

一、新世紀的網路上找陳宏：參考與查證

自從陳宏病後出版他的著作以來，各界都有他的報導，其中以網路資料最多。幾乎只要在電腦鍵入任何和陳宏有關的關鍵字，如「陳宏」、「漸凍人」、「漸凍勇士」、「運動神經元疾病」等；乃至他曾服務的單位，如「大華晚報」、「中國郵報」等，都有無數筆報導陳宏的消息，以下列印出數筆供參考。

各筆資料中，尚可從「庫存頁面」、「更多此站結果」及部落格鍵入，打開更多資料，選擇所需，從各個切面去了解陳宏。或許可以找到秘笈，或本書所未論述的。（以下爲網路資料部份舉例，故有跳項。）

4.眨眼著作　漸凍人陳宏再出書新聞速報、中時樂活、中時電子報

曾在新聞媒體服務的「漸凍人」陳宏，發病十年來靠著眨眼持續著作，他的第七本書、且可能是封筆之作《我在　燈在》今天發表，現場氣氛相當感人。陳宏過去曾在大華晚報、中國郵報服務，卻罹患肌萎縮性脊髓側索硬化症，成為漸凍人。

life.chinatimes,com/2009Cti/Channel/Life/life-article/ 更多此站結果

5.【轉貼】《我在・燈在》漸凍人陳宏分享體悟@漸凍人蔡沛倫的部落格：過去、現在、未來

陳宏曾在大華晚報、中國郵報服務，罹患漸凍人（肌萎縮性脊髓側索硬化症）後，身體逐漸不能動，無法言語，只能靠眨眼，和妻子劉學慧以注音板溝通，一字字完成著作，把生病後的體悟與讀者分享。

Alansay.blogspot.com/2010/07/blog-post.html -75K- 庫存頁面- 更多此站結果

6.陳宏-維基百科，自由的百科全書

陳宏病困臥榻，靠著呼吸器、鼻胃管維生；口不能言，手不能持卷，一切仰仗他人幫助；藉注音板，以眨眼（轉動眼球）方式與人溝通。二〇〇一年三月，出版《陳宏文存》套書八冊，為任職大華晚報、中國郵報、任教世新傳播學院期間，陸續發表於各報刊雜誌之文章，經分類整理集結而成。

Zh.wikipedia.org/zh-tw/陳宏 － 庫存頁面 － 更多此站結果

7.眨眼著作 漸凍人陳宏再出書 – 台灣英文新聞

（中央社記者孫承武台北二十五日電）曾在新聞媒體服務的「漸凍人」陳宏，

發病十年來靠著眨⋯⋯陳宏過去曾在大華晚報、中國郵報服務，卻罹患肌萎縮性脊髓側索硬化症，成為漸凍人。配合「621 全球漸凍人日」活動，躺在病床上的陳宏，被推進新書發表會會場。

Etaiwannews.com/etn/news_content.php?id=1300002&lang=tc_news&… -58k- 庫存頁面—更多此站結果

8.漸凍人陳宏出新書　總統嘉勉

陳宏在六月二十一日「全球漸凍人日」當天發表第三本著作《頑石與飛鳥》。總統致詞時表示，陳宏⋯⋯據中央社報導，曾擔任大華晚報主編、主筆及中國郵報攝影雜誌總編輯的陳宏，因運動神經元逐漸退化，只能聽話、眨眼的，俗稱「漸凍人症」的「運動神經元疾病」

Tw.epochtimes.com/5/6/22/4847.htm- 庫存頁面—更多此站結果

11.大華晚報陳宏相關部落格

「全球漸凍人日」新聞媒體漸凍達人陳宏眨眼著作《我在　燈在》⋯發表，現場氣氛相當感人。新書發表會在台北市立聯合醫院忠孝院區十樓禮堂舉行。陳宏過去曾在大華晚報、中國郵報服務，卻罹患肌萎縮性脊⋯

2010/07/25 18:47。陳宏的眨眼人生

…寫好文章，字字句句，總能記得上回寫到哪個段落，接續逐字眨出。病前，陳宏能拍又能寫，大華晚報每週專版由他一人發揮，自拍、自寫…

Pinkmiya-2005/07/29 17:12

更多大華晚報陳宏相關部落格

9.眨眼之間陳宏

…陳宏原是一位成功的企業家，在中年事業有成後，喜歡利用工作餘暇到處攝影。曾參加名攝影家郎靜山領導的「中國攝影學會」，在許多國內外攝影比賽中屢獲大獎。…他憑著攝影與撰稿這兩項專長，成為當年最大報之一的「大華晚報」的兼職記者、攝影記者、專欄作家、主編與主筆等。

www.booklife.com.tw/writer/00400060-about.asp-庫存頁面-更多此站結果

10.生命勇士漸凍人陳宏出新書

…只能聽話、眨眼的漸凍人陳宏，今天發表第三本著作《頑石與飛鳥》。總統致詞表示，陳宏不僅是位生命的勇士，…陳宏曾擔任大華晚報主編、主筆，中國郵報攝影雜誌總編輯，並曾於世新大學前身傳播學院任教；俗稱「漸凍人症」的「運

動神經元疾病」（ALS/MND）：

www.ta.org.tw/94news/940621c.html -53k- 庫存頁面 - 更多此站結果

惟檢視以上從電腦列出的資料，時空關係較不清楚，陳述不夠系統性，重複者亦多，因果關係、來龍去脈亦多斷裂。故讀者、使用者應多做比對、查證，正確性才能提高。

二、關於《頑石與飛鳥》

「頑石」和「飛鳥」是兩個極端的意象，象徵意義的差距如參與商，這兩種東西絕不可能「合於一體」。

陳宏辦到了！他確實辦到了！他肉身如頑石，心靈似飛鳥，「附身」於愛妻學慧身上，飛到學校、監獄、佛光山的道場，去普渡眾生，感動很多人。

《頑石與飛鳥》由香海文化於二〇〇五年六月出版，是他病後躺在床上用眼睛「眨」，由妻子學慧拿注音板與他溝通，經人整理（劉學慧四十四篇、王玉玲一篇、黃麗梅三篇）的第三本心靈神思著作。

星雲大師在本書「幽谷蘭香」序文中，提到多位與陳宏處境類同，各有不同程度五體有缺者，都因堅持向上的心，而使人生更美好，對社會更有貢獻。如口足畫家楊恩典（註一）、花蓮「無臂蛙王」蔡耀星、類風濕症的劉俠等。其中一段話，我讀後極爲動容：

在陳宏先生的文章中，最驚奇的是充滿著「樂觀」，沒有自憐自哀的捶胸頓足，也沒有怨天尤人的眼淚鼻涕，反而是積極進取的利人，字裡行間洋溢著快樂，也讓周遭的人如沐春風。如此樂觀開懷，以喜悅面對殘缺人生，這就是一種美，由閱讀一顆美的心靈，帶來一種真的感受，善的感動，美的感覺。

閱讀陳宏先生的書，可以帶給人信心、給人希望、給人歡喜，現在台灣憂鬱症盛行，大家應該都來讀讀陳宏先生的書，你比他更慘嗎？他都能開懷大笑，你又有什麼哭泣的權利？（註二）

星雲大師是這樣解讀並認識陳宏的，人生境界每個年歲或有高低不同，但人的本質、性格、特質，一生不會有多少改變！甚至變不了。研究陳宏一生行誼，從他兒童時期見父母吵架，他向觀音菩薩祈禱求助，到現在躺在床上成「已凍人」的陳宏，這一路走來，陳宏仍是陳宏，沒有改變；惟在人生境界上，因佛法的修爲產生「巨變」，此種巨變就是「自覺→覺他→覺圓滿」的實踐過程。所以，星雲大師在序文中接著說：

陳宏先生雖然身體無法動彈，世界只有一床寬，但是因為他的心念大，所以他的內心世界非常的寬廣，很多手腳健全的人，真正享有的自由，其實還沒有陳宏先生的床寬……佛法在那裡？在陳宏先生的眼眸中……（註三）

倒是陳宏以輕鬆、幽默面對人生一切苦難。（提示：幽默是陳宏性格中的重要特質，趣者可讀陳宏的作品，便能感受到陳宏式的幽默。）他在該書自序說，「病本來就是一種苦，不必把苦帶給別人，最好能引大家笑。」

《頑石與飛鳥》出版後，對台灣社會產生深遠的影響，監獄、讀書會等團體，不少以本書爲必讀作品，桃園女子監獄的教化委員王麗玲，她另主領一個工場的讀書會，陳宏的作品是她用來教化的「活水」，桃園女子監獄更辦了《頑石與飛鳥》讀後感徵文，擴大了陳宏精神的感染力。

佛光山台北教師分會組成的教緣讀書會，進一步把《頑石與飛鳥》列爲研討書目，李育麗和范鴻英兩位老師（註四）仔細抓出要點，條陳研討綱要，再以聞、思、修、證來歸類。對《頑石與飛鳥》一書的深化理解，對「陳宏經驗」的認識，很有輔助效果和

價值，摘錄於後。（註五）

壹、前半部（第一至一三二頁）

（一）聞（第一層次）

1. 佛門常說「一切法從心想生」，「心」是那麼的重要，你記得這一章在說什麼？
2. 「心，在一念中」，你可曾想過「心」在那裡？
3. 看到「忍能消怒」這個標題，你會想到什麼？
4. 「把磨難當修練」一文中，你立刻會聯想到？
5. 「身如頑石，心如飛鳥」陳宏是怎麼說的？他又如何與佛法相契合？
6. 「珍惜緣分」內容講的是什麼？
7. 「從前考上大學難，現在考不上難」，你認爲呢？
8. 「無言而言」與「言而無言」，作者舉了那些例子？
9. 「無聲勝有聲」中，陳宏以那句話作爲結尾？

（二）思（第二層次）

1. 你對「業報」、「共業」、「別業」有什麼看法？

2. 大師說「忍是一種認識，是一種承擔」。生活周遭中，誰有類似經驗？

3. 「醫病」與「護病」關係中，作者想傳達什麼觀點？

4. 「生活在感恩中的人最快樂」，你想到誰？

（三）修（第三層次）

1. 你有照顧病人的經驗嗎？請分享。

2. 在你身邊有類似罕見疾病的患者嗎？說說看。

3. 你相信「緣分」嗎？說說看。

（四）證（第四層次）

1. 經過討論，請說出今天的最大收穫？

2. 經過討論，想要在生活中提醒自己什麼？

貳、後半部（第一三六至二五八頁）

（一）聞（第一層次）

1. 「觀世音像母親」，作者認爲人身難得的原因是什麼？

2. 「天無絕人之路」這句話，在作者身上得到如何印證？

3. 「妳快樂嗎？」本文中，作者深深體會誰的心理？

4.「做人之道要跟佛學」，這一章在說什麼？

5.「沐佛恩，斷煩惱」人什麼時候才能恢復神通？

6.「病急也不必亂投醫」，看到這標題，你立刻會聯想到什麼？

7.「難得知心人」，陳宏是如何與外界溝通？

8.「如夢似幻中領悟人生」，本文中作者領悟到什麼？

9.「活者，就要持續成長」，說說你的座右銘是什麼？

10.「讀書與讀人」文中，作者在讀誰？

（二）思（第二層次）

1.你念什麼佛號？有感應經驗嗎？

2.生病是「業報現前」、「都是我不對」，你認爲呢？

3.大師開創佛光山，把如來家業擴及全球，說說你的心情。

4.你對「皈依佛，就要相信我是佛。」有什麼看法？

5.說說你對古人龐居士：「有事不如無事」的觀點。

6.閱讀「寧近勿遠、寧下勿高、寧淺勿深、寧小勿大」時，有什麼想法？

（三）修（第三層次）

1. 這幾章中，有那些觀點對你而言是新的？或者是過去沒想到？
2. 這幾章中，最令你感動的詞句或內容是什麼？爲什麼？

（四）證（第四層次）

1. 讀完此書，你認爲作者的人生觀是什麼？
2. 讀完此書，你有何收穫／省思／發現／提醒／學習？

二〇〇五年陳宏豐收，除作品出版、得獎，還有什麼新鮮事？對了！這年的清明節他過的很快樂。原因他說：一是看護用沐浴乳給他擦澡，汗毛孔都好像在開口笑；一是在他的請求下，妻狀似悠閒，答應爲他念滿觀法師贈的新著「靈山不如歸」。

二〇〇五年陳宏代言「漸凍人協會」，這年五月十六日他「眨眼開筆」，寫下一本書的第一篇文章「躺在菩提林中」。

陳宏雖「躺著幹」，年頭到年尾從未閒著，他幹的可快活的很，那有時間痛苦！

三、「禁語」「閉關」第六年、「祈翔病房」及《我見過一棵大樹》

台灣的新書出版量，以二〇〇四年爲例，超過四萬三千種。按兩千三百萬人口計算，平均每一萬人可獲得的新書量是十八點七冊，僅小於英國的每萬人得新書二十一點六冊，排名全世界第二。

怪怪，台灣簡直是全球的「出版大王」。以上資訊不是筆者所述，而是陳宏在二〇〇六年元月二日，「能夠讀書真好」這篇文章說的「他又根據文化工作者劉智惠的碩士論文研究所得，引述在該文。（註六）

陳宏不是身如頑石般躺床多年了嗎？不能吃喝，不能言語，他怎知外界事物？原來他把不能言語當「禁語」，癱臥在床當「閉關」，因而他的心思更細密靈動，對客觀世界的理解更能指涉到本質真相。他把耳所聞、眼所見（病床前有電視機），經由心思判斷，透過他的愛妻學慧拿著注音板溝通，經文字化整理後，陳宏道出他臥床第六年的修行心得：

> 跨年夜，電視畫面傳來各地惜別迎新的盛況，在如此歡欣的氣氛裡，驀然發現，我又捱過了一年。
>
> 從呼吸衰竭送醫急救，靠呼吸器維持生命後，原以為也不過只剩三到五個月。真的沒想到，竟臥在病床上，進入了第六年，拖累了許多人，給人帶來很多麻煩。在愧疚與感恩中，就把口不能言當「禁語」，把癱躺在床當「閉關」，懺悔業障，

修正自己。（註七）

陳宏是這樣的躺在床上修佛法，如同年青時代的陳宏，絕不會虛度或浪費生命的每一時刻，《我見過一棵大樹》這本書，從二〇〇五年五月十六日「眨眼」開筆，至今（二〇〇六年二月）已完成七成。二月十三日在「滄海桑田、一去不返」文章，他記述老同學曹煇竟轉了幾次車，來醫院看他，還帶來大陸的老同學周治華、劉瑛珍、王守中等的祝福。讓陳宏很感動，像一股暖流，也想起很多故鄉的童年往事。（註八）這些都是年初的事。

年初有一回，學慧「代夫出征」參加天母國中家長會讀書會，因該會選讀陳宏《頑石與飛鳥》一書，事後學慧告訴陳宏說有兩位家長頻頻拭淚。陳宏在這年三月十三日「感受到那分真誠」文章裡說，「後來才知道，她們原是我昔日的學生，妻歸來後告訴我，我也泛出淚光。」（註九）至今，仍有不少二、三十年前，陳宏教過的學生，從各地及海外回來看他，這是一個「已凍人」散發的光熱，對很多人有「啓蒙」作用。

所以，國家運用一些資源在忠孝醫院成立「祈翔病房」，專責照料並協助漸凍人家屬，就是不論道德和正義原則，只論「社會成本」，對整個國家、社會也是大大有賺，這絕對是值得做的。

在「陳宏精神」感召下，二〇〇六年十月十五日，忠孝醫院正式成立「祈翔病房」，市長馬英九親臨主持，經費也由台北市政府編列。陳宏是忠孝醫院的「資深」病人，也是「祈翔病房」第一批病人。

經一年多的「眨」眼努力，陳宏病後第四本著作《我見過一棵大樹》，終於在二〇〇六年十月由香海文化出版。同前三本一樣由別人加以整理（劉學慧47篇、黃麗梅三篇、司晏芳一篇），整理人雖非著作人，但沒有他們投入協助，陳宏作品無由問世。是故，整理人對陳宏精神之傳播，乃至佛法和社會正面價值之宣揚，真是予有功焉。

該書寫推薦序的有人間福報社長兼總主筆柴松林教授、周大觀文教基金會創辦人周進華先生、香海文化執行長蔡孟樺；寫跋文後記有華梵大學教授馬西屏、陳宏的弟弟陳宜（青海西寧廣播電視台長退休）、忠孝醫院護理師鄭春桂、香海文化特約主編劉智惠。書前聯合推薦人有卡內基訓練負責人黑幼龍、時報周刊社長張國立、旅遊美食作家趙薇、時報旅遊總經理趙政岷、聯合晚報總主筆蔡詩萍、暢銷書作家戴晨志，都是當代俊傑之士。

可以見得，《我見過一棵大樹》這本書受到的重視及其影響力。該書一出版，即獲得「全球生命文學創作獎」，香海文化執行長蔡孟樺在序的最後一句說，「會帶給今日的台灣光明，展示一分最無私最真誠的愛。」，應可總結這本書無尚的價值，也是對陳宏最高的肯定。

周進華先生在序中提及，周大觀文教基金會，二○○六年全球生命文學獎章評審委員會」在淚眼相對的掌聲中，恭賀陳宏老師的生命傑作《我見過一棵大樹》榮獲二○○六年全球生命文學創作獎章」，讓我們一起來讀懂陳宏老師的靈魂心語，身病心不病，只要有愛，生命常在。

陳宏躺在床上，除眨動眼眸創作外，年頭到年尾他都是個大忙人，他要「接見」很多人。大陸的輪椅鳳凰梁藝、新加坡輪椅名醫陳建民，乃至一些團體，如「香港肌健協會」等，均在這年來訪，大家都想看「陳宏奇蹟」！

陳宏也是一位「無言諮商師」，二○○六年三月六日他在文章中說，漸凍人協會來電話，台南有位新病友，還不能調適，家屬打算來看看……

如此這般的，許多團體、病友、失意者、好奇者……都想來看陳宏，目的當然是「取經」。所以，陳宏是躺著幹普度眾生的大事業，他那有時間去想病痛的事。

四、悠哉悠哉二〇〇七年

陳宏自從兩千年四月六日起在醫院躺著至今，他每年都有著作出版，只有二〇〇三年沒有。但〇三年有針對性的大型活動，國內戲劇界的「向陳宏致敬」，演出古典名劇亦由陳宏改編的「孔雀東南飛」。

凡此，很多事也要和陳宏商議，他要創作，對一些關鍵性決定，愛妻學慧少不了要和陳宏溝通研商。他雖躺著，卻是大忙人。

但二〇〇七年這一年，他只專心「眨」眼寫作，著作尚未出版，今年也沒有針對性很強的活動。所以，我說二〇〇七年是悠哉悠哉的一年，但陳宏的「周邊產業」依然豐富可觀。

去年十月出版的《我見過一棵大樹》，今年「市場買氣正盛。國際佛光會台北教師分會的「教緣讀書會」，今年就選讀《我見過一棵大樹》，李育麗、洪秀霞、王素昭三位老師，分別細心製作研討綱目。這些綱目有助引導讀者閱讀該書，正確而深刻的認識陳宏的修行經驗，解讀陳宏的內心世界，乃至佛法的初步認識，是故抄錄如下，亦彰顯李、洪、王三位老師的用心：（註十）

第一階段由李育麗老師主導。

1. 爲什麼陳宏說他像躺在菩提林中？他的心境如何？
2. 談談你所認識的「周大觀文教基金會」，及所推行的三好原則（和自己好，熱愛自己生命；和別人好，尊重別人生命；和地球好，維護地球生命。）
3. 就書中所提到的「現代佛陀之譽神經外科凌鋒博士」，「忠孝醫院院長泌尿科邱文祥院長」他們有何特質？又是如何看待醫病關係的？
4. 「修忍學定」這章在說什麼？
5. 「善心惡念，萬物知道」，作者舉了那些例子？
6. 「第一次沒趕上截稿時間」作者因愧疚而失眠，試揣測他的心境。
7. 「頑石無奈，飛鳥有心」，作者以什麼方式做到的？
8. 「稻穗熟了，才會低頭」作者很謙卑的把他能存活的原因歸於什麼？
9. 「拾穗之樂」中作者平日是如何「自修」的？
10. 學佛能使人豁達，請談談你的觀點及狀況。
11. 社會結構變了，養兒防老的觀念不再執著，你的看法呢？
12. 就你本文及身邊之親朋好友就醫的經驗來說，曾碰到什麼樣的醫生？

第二階段，由洪秀霞老師主導。

1. 陳宏老師將自己飽受病苦，視爲「業報現前」，佛法強調因緣果報，談談你的看法？當自己遇到困厄時，會以何種心態面對？
2. 十善業、六度、四攝所包含的項目爲何？在個人進修中，比較困擾爲何？
3. 佛門有句話：「萬般帶不去，唯有業隨身」你的信念如何？如何影響自己的生活態度？
4. 什麼是普賢菩薩的十大願？要改變行爲之前，應先改變什麼？
5. 作者自久病以來，抱持何種態度，看待照顧他的家人、醫生、護士、朋友？
6. 所謂「沒有來不及的事」你認爲自己生命中重要尚未去實現的是什麼？
7. 諸佛菩薩有千百億的分身，你曾經有佛菩薩顯聖感應的經驗嗎？
8. 在「選戰與選賽」中，作者的看法如何？
9. 試想你經歷作者「翻身」過程，你會有何感受？
10. 作者書寫「童話故事」的目的爲何？

第三階段，由王素昭老師主導。

一、陳宏老師以一個新聞工作者的立場，點出我們今天社會的對立、政客的貪婪、社會正義不張、只問立場，不問是非，最大的癥結，就是政客有意操弄，與一些媒體人的附從，推波助瀾，造成國力的內耗、民生凋敝。

二、書中談到他的老同學轉了幾次車，到醫院去看他，無疑像股暖流，可見生病的人，被人關心是何等的開心。

三、作者在每次上課前，都把自己的身心調整到最佳狀態，讓學生感受到他的真誠，所以教出來的學生就會有情有義。

四、作者的佛法根基很深厚，也因佛法的力量，使他朝向「積極的思考」，化煩惱爲菩提，且在本書中，以佛法來教化眾生，教導我們如何信、願、行，要將佛法落實在生活中。

五、作者說療護的功能？是治病，是延長壽命，是增進生活品質。我想三種都要同時兼顧到。例如家裡有老者、病者，不要以爲已經請了外籍看護，就可了事。倘若經濟許可，最好請台籍看護，讓老年人可以溝通。

六月，必是個大熱天。爲紀念「六二一國際漸凍人日」，提升國內對漸凍病患的醫療和生活品質。台北市立聯合醫院忠孝院區及漸凍人協會聯合舉辦「漸凍人醫療照護整合研討會」，爲期一天。敦請醫護界對運動神經元疾病有實務工作經驗，及有理論權威的各界菁英，現身說法。

現場到有病友、家屬和各級醫護人員，蔡清標醫師也是漸凍人協會創會理事長，在研討會中首先發言。研討會提出許多報告，陳宏一定專心「聽」、「看」這些報告。在，波灣軍人是罹患漸凍人危險群」一文，陳宏最後總結說，可以感覺得到「不治之症」，在人的智慧成長中，漸漸轉向「可治」。（註十一）未知何時才能可治？人的有限生命是否能等到那一天？

八月，陳宏過了一個快樂的父親節。護理長王麗芬訂了一個大蛋糕，大隊人馬到病房向陳宏賀節。他感謝大家盛情，透過溝通板，陳宏表示不能分享美味又不能隨大家唱歌，如若有幸，請大家留言，以資回味。於是，許多人振筆寫出心中話：（註十二）

護理長說：在我心中，陳老師，是靈活的，是參與我們生活中的。

有位署名「渡口迷失的船」者說：在我心中的風景，您總像一棵常青的大樹，常常給我陣陣和風，感恩老師，年年的精神守候。

美晴說：Dear 老爺，雖診斷上一直掛著「漸凍」二字，但心中一直深深感受到您溫暖熱情的心。

如慧說：親愛的老爺，記得去年父親節，是在病房與您度過的，今年，適逢普渡拜拜，更加有氣氛。

淑芬說：您是我們「六東」的大樹，重要精神支柱，請您好好保重。

怡如說：親愛的陳爸爸，雖然很少到病房探望您，但每回進去，見到的總是笑容可掬的臉，相信您一定是孩子們心中溫暖的太陽、永遠的好爸爸。

雯蕙說：親愛的爺爺，看到您，就會覺得心裡很快樂，很安心，因為您散發出一種讓人覺得安定的心，希望您永遠快樂！

虹慧說：親愛的陳伯伯，每次上班心情不好的時候，總是會想到伯伯，跟您吐苦水，而您也總是微笑的看著我，讓我心情也變的輕鬆了。只是有時會想，這樣會不會讓您有負擔呢？真的要向您說聲謝謝！

安妮說：歲歲年年，一年的歲月，承蒙您的照顧與呵護，讓我總是有家的感覺，您宛如佛菩薩般，總帶給人心安與快樂。日積月累的，在您這裡耳濡目染，學會了心寬、與增加不少佛家的生活道理。在這特別的日子，獻上女兒最深的祝福。

淑賢說：陳爸爸，您有張慈祥和藹好爸爸的容顏，又有一張容光煥發、細皮嫩肉、俊俏帥哥的臉。只是那大腹便便的身材，雖然不是最重的負擔，但在我的內心，有種對您健康上的威脅，才是我最擔心的。

現在減重的我，有一點感受到身輕如燕，但仍需努力，在此，也希望陳爸爸要開始減重計畫了，如此，才能有健康快樂的身心啊！

人世間所謂的「幸福美滿」，所謂的「愛」，所謂的「滿足」，大概不過如此，還能有什麼更高的「境界」呢？

以筆者爲例，這一輩子親人對我講過如上之「愛語」，恐尚未超過兩行字。啊！這是一個「親子疏離」的時代，陳宏能得到這麼多的愛，是他曾付出更多的愛，他是一位成功的記者、作家，也是成功的父親，成功的老爺。

九月，教師節前夕，桃園女子監獄三巨頭，典獄長許翠芳、秘書于淑華，以及教化科長江旭麗，聯袂到忠孝醫院拜訪陳宏。由王麗玲老師陪同。陳宏身如頑石，又不能言語，她們來做啥?自然是來「取經」的，陳宏現在是一部「無言的經書」，以示現他的「相」爲講經說法之方式。

來訪的客人雖非絡繹不絕，亦從未停過，大家看他，而他躺在床上無言、微笑，如眾生到廟裡「看」菩薩，菩薩亦無言、微笑。確實，陳宏現在昇華成一尊菩薩，他無須言語，他的存在就能給人安定，給人啓蒙，給人頓悟，讓人看到希望。

十月，是忠孝醫院「祈翔病房」（漸凍人專屬）啓用週年慶。（註十三）佛光山台北道場的合唱團到病房來演唱，音樂會由護理長王麗芬主持，神經內科主任黃啓訓醫師致歡迎詞，漸凍協會秘書長林金梅也致詞。合唱團陣容有伴奏胡與之、指揮黃醒民、姜捷和姜震姊弟，首唱曲是姜捷寫詞，姜震譜曲的「我知道你在受苦」。陳宏當然也是現場觀眾之一，他的作品有多處提到這場音樂會。

悠哉悠哉的二〇〇七年，在溫馨悠哉中度過。其實這一年他也在辛苦的寫作，因爲二〇〇八年元月他病後第五本書出版了，這是他和妻辛苦一年的成果。

註釋：

註一：楊恩典大概是台灣最富盛名的口足畫家，她的傳奇故事很多人知道，不再贅文。筆者因長期訂有口足畫藝公司的藝品，故知還有很多口足畫家，如張維德、謝坤山、陳美惠、林宥辰、陳世峰、劉仁傑、楊淑怡、劉正隆、李君偉、溫珮妃、童福財、柯樹、廖瑞金、羅勝龍、林婷婷、廖瑞金……都從缺陷中創造出另一片美麗人生的天空。

註二：陳宏，《頑石與飛鳥》（台北：香海文化，二〇〇五年六月十五日初版，二〇〇七年元月五刷。）頁一九。

註三：同註二，頁二〇。

註四：范鴻英、李育麗，兩位都是國際佛光會中華總會台北教師分會會員，范鴻英師姊曾任會長（現為督導），李育麗師姊曾任會長和督導。台北教師分會現任會長是沈錦郎先生，二〇一〇年十一月七日會員大會改選，陳雪霞師姊榮任下屆會長。

註五：陳宏，《我見過一棵大樹》（台北：香海文化，二〇〇六年十月），頁一六六—一六九。

註六：同註五，頁一七〇。

註七：同註五，頁一七七。

註八：曹燀，與陳宏、劉學慧夫婦，都是河北同鄉，跟陳宏自幼年就是玩伴、校友，維繫情誼已近一甲子又十多年。這種感情深值典藏名山，垂之永恆，隨「業」流轉，來世成為有更親密關係的夥伴。

註九：同註五，頁二〇六。

註十：陳宏，《苦，也是一種豐富》（台北：香海文化，二〇〇八年元月），頁一五八—

一六一。

註十一：同註十，頁三一—三三。

註十二：同註十，頁四六—四八。

註十三：忠孝醫院的「祈翔病房」成立時間，經查證確實是民國九十五年十月十五日，到九十六年十月是一週年。

第八章　《苦，也是一種豐富》到《我在　燈在》，永不封筆

自從二〇一〇年六月，《我在　燈在》出版後，據各方訊息（及筆者當面求證學慧師姊），皆表示陳宏目前眨眼越感困難，《我在　燈在》已是封筆之作。

封筆之前的這三年，是精彩的三年，陳宏一年出版一本書；劉學慧接任漸凍人協會理事長，擴大了「陳宏效應」，服務所有的漸凍病友和家屬。

劉學慧（立者）不只陪伴先生，也把其他病友當成一家人。　記者李祖翔攝

還有，陳宏的「分身」到大陸四川汶川救災，陳宏的作品在大陸出版……

一、《苦，也是一種豐富》、《金婚五十年》，學慧任漸凍人協會理事長

二〇〇八這一年，對陳宏和劉學慧夫婦而言，於公於私都是人生重要的里程碑。年初甫一開始，元月，陳宏的《苦，也是一種豐富》一書，病後用眼睛「眨」出來的第五本，由香海文化出版。

五月，馬政府上台，國內學術界以中華民國「撥亂反正」定位稱之。（註一）陳宏則以佛法上的「六和敬」爲新政府祝賀期勉，這六和敬是：見和同解、戒和同修、身和同住、口和無諍、意和同悅、利和同均。

五月，中國正在積極準備辦奧運（Olympic Games），爆發了四川汶川大地震，陳宏的長子大誠參與紅十字人道救災工作，努力演繹、詮釋他父親的「陳宏精神」。問他爲何如此辛苦？大誠說：（註二）

> 中華文化博大精深，我們是中華兒女子孫，努力學習是豐富個人知識，用出去就是民族的精神發揚光大。父親的病痛，牽動了數不清的人們關心和慰問，我當兒子的唯一回報，應該是加強學習，以為有一個更大的空間和平台，為中華民族奉獻

應該奉獻的一切。

真是有其父必有其子，時時刻刻想到的，都是如何當好一位中華兒女，如何能爲中華民族有最大的貢獻。大誠在成都以救災關係，認識一位金牛區紅十字會志願者，楊紅雷先生，也是一位自由創作的文化人。原來紅雷也感動於陳宏的故事，寫了一信給陳宏，說到和大誠認識的因緣，是五月十一日汶川大地震，台灣紅十字會總會，用同胞血脈，詮釋了中華民族一家人，一起戰勝苦難的深厚情誼。

七月，劉學慧接下漸凍人協會理事長的重擔，決心把漸凍家族的照顧經驗，廣傳給所有的病友和他們家屬。這真是因緣具足，水到渠成，學慧以其豐富的行政經驗和管理長才，讓漸凍人協會「活」了起來。

八月，陳宏和學慧結婚五十週年「金婚紀念」，由有容文化工作室出版「金囍」紀念專集，總編輯唐健風，文字編輯姜捷及一大群志願工作者，都是陳宏和學慧這輩子的有緣人。許多人在紀念集上寫下感動的祝福，與筆者同是佛光山台北教師分會就有李育麗、方大同、欽銘、素昭、李秀珍、愛貞、冬梅、慶色、雪露、吳元俊、范鴻英等。筆者不才，當然也提詩文補白：

欣逢劉師姊、陳師兄金婚，多麼殊榮的日子，萬中不得其一，多麼讓天下有情人羨慕，拈詩曰：

一路走來到金婚，兩顆芳心依然真；
像是夢中更如幻，如今回憶真奇神。

人生奇妙又真實，有苦有樂，竟又有菩薩示現在妳身旁，真是萬千中不得其一啊！詩贊曰：

宏哥示現苦實相，三世因果集無常；
慧姊淨滅菩薩道，修行悟道快樂航。

這極短篇的詩文，實即陳宏和劉學慧兩人生命歷程的前後兩階段。而吾人以爲，陳宏病後躺床的修行，就是證悟了苦、集、滅、道這「四聖諦」。「苦」是三苦、八苦，「集」是苦之因，「滅」即寂滅消苦，「道」乃修行，證悟寂滅（涅槃）之道的方法。陳宏天生悟性極高，他必經由「四聖諦」行菩薩道，故入詩以賀他們金婚。

話頭回到年初，陳宏的新著《苦，也是一種豐富》，書名來自姜捷作詞、姜震作曲的「我知道你在受苦」這首歌。同樣，本書由多人協助整理，全書含自序五十一篇文章，劉學慧整理四十二篇，其餘各篇有陳大謀、王玉玲、彭寬怡、陳宛麟、司晏芳等幫忙完成。這一年陳宏的出版，榮登「金氏世界記錄」，爲全世界用眼睛「眨」出最多文字作品的人。

該書提序者有國際佛光會中華總會總會長、人間福報發行人心定和尚、及北區協會會長趙翠慧；還有青樺婚紗國際連鎖企業董事長蔡青樺，她的先生正是蔡榮豐，在陳宏的著作中蔡先生算是「常客」，例如《生命之愛》有蔡的佛像攝影八幀，他們是老友了。

二〇〇八年的台灣有驚天動地的轉變，陳宏仍以不變應萬變，躺在一張小小的病床上，以其心靈神思穿梭三千大世界，而在人世間這個小世界他還是過的充實、快樂。每個節日都過的比很多人更有意義。

按我所看的資料（陳宏作品），似乎在每個重要節日，如父親節、中秋節、忠孝醫院的醫護團隊，都細心的爲漸凍病人辦很溫馨的活動，他們不僅醫人醫病，更治人心靈。一家公立醫院能做到這種境界，實在是聞所未聞，這已經不止只是一家醫院，而是眾生修行的道場。

尤其是黃啓訓主任、陳文魁醫師、王麗芬護理長等，他們始終和漸凍人協會有很親密的關係，他們用愛在經營。

二一、二〇〇九《自在的少水魚》，從未放逸

時序無情的走進二〇〇九年，是陳宏生病躺在醫院的第十年，躺忠孝醫院的第七年（之前在松山醫院），在忠孝醫院度過第六個春節。

十年，對無所事事的人極漫長，對任何「普通人」臥床十年也是很可怕的。但對陳宏而言，仍是「光陰似箭、歲月如梭」的感覺，在他的作品中常有「又過了一年、好快」的描述，因為他把握活著的當下每一秒，因而這十年臥床，他幹下很多人幾輩子完成不了的事業。多麼奇妙的事？副總統蕭萬長先生在陳宏《自在的少水魚》序說：

現在竟然要出第六本書了，他的水雖少，但是他卻充分的運用每一天，珍惜每一秒鐘，他生命之水比一般人少，其實他是「多水魚」，因為他證明了生命的意義在寬度與厚度，不在長度。有人渾噩過一生，這才是真正的「少水魚」。（註三）

副總統蕭萬長在序中還提到他自己很喜愛的兩本書，一是法國前 Elle 雜誌總編輯多明尼克・鮑比在病倒後，用最後僅能活動的左眼寫出「潛水鐘與蝴蝶」；另一是美國同是漸凍人的墨瑞教授，與學生最後的十四堂生命課程「最後十四堂星期二的課」。陳宏

和他們二人，肉身被困在一張床，心靈思想卻無比自在清明，散發出生命智慧的光輝，穿透時空，散播在全世界，他們才是「多水魚」。

如何使「少水魚」變成「多水魚」？水量多少到底能否由一隻「魚」自己去決定？普賢菩薩警眾偈曰：

是日已過，命亦隨減，如少水魚，斯有何樂。當勤精進，如救頭燃，但念無常，慎勿放逸。（註四）

這十年，陳宏臥困一床，但他何曾放逸？再往前推到未病時的陳宏，洄溯到年輕時代的陳宏，一路走來，又何曾放逸？何曾縱容自己？他總是兢兢業業做好每一件事。這是我研究陳宏，對他最真實的簡白寫真。

陳宏這隻「少水魚」吸納四方魚種，都來游向「陳宏海洋」。這年春節大年初五，馬西屏率領一批好友，盈盈、小艾、飄雪和埃及公主等來訪，他們都說：想來看「人間菩薩」！

今年來訪的客人還多的呢？壽險業、廣播界、漸凍人協會、參加世界佛教論壇的五台山法師們、征服北極的陳彥博。大家想看的，或說想看清楚的真相，其實是「製水的秘密」，想知道「少水魚」如何自在？又如何變成「多水魚」？人們也好自己「複製」！

但今年的盛事應是四月由香海文化出版的《自在的少水魚》，及五月忠孝醫院「祈翔病房」漸凍人專屬病房，成立了「祈翔之友」聯誼會，辦理盛大的成果展。

成果展時間在五月十一日，人氣頂盛，護理長王麗芬策劃，病友、家屬、醫護人員陳文魁主任、賴媛淑呼吸治療師、文菁、佳純……馬西屏教授、慧得法師，貴賓郝龍斌市長。展示全程中，陳宏是最重要的「展品」，他被從病床移到輪椅，展示完又從輪椅移回病床。

陳宏在「受熱情感動而落淚」一文中，最後寫道，「這是一件大工程」五六個人把我懸空，移向病床，我竟哭了。勞動大家，不值得。」（註五）

《自在的少水魚》一書，有五十一篇散文，祈翔病房醫護人員整理一篇，彭寬怡和張澄子整理一篇，四十九篇由劉學慧整理。

本書寫推薦序除副總統蕭萬長先生，還有諮商心理學家鄭石岩、國際佛光會中華總會秘書長覺培法師、忠孝醫院醫師陳文魁。筆者前述「少水魚、多水魚」之論，拿來和覺培法師相較，我的論述顯得境界不高，未能詮釋陳宏生命修行層次。接覺培法師在序中所言，「少水魚」還能「自在」，絕非水的多寡，亦非魚的生命，而是出離了對水的依賴，乃至對生命的執取。原來陳宏這隻「魚」在經歷十年臥床苦修後，已放下對色身的依賴，那麼，少水也罷！無水也好！他一樣的自在，就算全身只剩眼睛可觀，依然觀自在。

三、劉學慧的「漸凍人」服務事業

運動神經元疾病患者（俗稱漸凍人），在國內爲人所知約不過十餘年，惟其病因至今不明，也沒有治癒性的藥物。病患後期之醫護費用，在美國一年約需二十萬美金，在台灣更是患者家庭不可承擔之重。

鑑於此，漸凍病患與家屬，在台北榮總高克培主任、蔡清標醫師的協助下，與家屬沈心慧、游淑華等，於民國八十五年十月五日召開籌備大會，次年七月二十六日正式成立「中華民國運動神經元疾病病友協會」。八十七年五月二十三日，經過二次理監事會熱烈討論，通過以「漸凍人協會」爲本會別名。

協會成立之宗旨當然爲解決病患和家屬的問題，成立十餘年來可以說是國內運作最好、最人性化、幾近完美的社會服務團體，與外界流動亦暢通。這首先歸功於歷來有理想的醫護人員、理事長及內部成員的努力，再者陳宏和劉學慧以其高知名度爲協會代言，得到社會各界的支持和贊助，應是該協會運作成功之主因。

劉學慧於二〇〇八年七月，從前任理事長沈心慧手中接下漸凍人協會理事長；二〇一〇年七月十一日協會第七屆第一次會員大會，劉學慧再度連任理事長。

早在學慧未接任漸凍人協會理事長前，她早就把自己最心愛的夫君陳宏做了最大的「利用」。她竭盡所能配合媒體暴光、參加公聽會，爲漸凍人爭取福祉，把陳宏的書送到學校、監獄，鼓勵、感動許多人，得到社會善心人士和各界團體的贊助。

「讓生命飛揚——書香愛心到監所」活動風起雲湧，都是學慧以陳宏的「分身」積極參與，全省四十八個監所中的二十多所都去結了善緣；與收容人誠摯座談，分享陳宏生命故事，就是這份濟世度眾的慈悲心，學慧接理事長已是七十之齡，再連任時身體亦欠佳，但她直下承擔。只願社會對漸凍人有更多理解，病患能得最佳照護。

劉學慧領軍的漸凍人協會開始有很多大小活動，包括每年舉辦病患和家屬春遊，參與國際病友大會，國內外及大陸相關的醫護座談會、照顧者工作坊……等，乃至到小學爲小朋友講「生命教育」。她幾乎無役不與，二〇一〇年是接理事長第二個嶄新年度，元旦她便提出新的一年既定要完成的目標。（註六）

第一、在中南部推動如台北忠孝醫院祈翔病房同樣的「人性化照護中心」，讓全國病友與家屬同享高品質的照護服務。

第二、豐富協會的醫護網站內容，讓無遠弗屆的網路傳播，使關心我們的朋友更方便瞭解我們的資訊，病友與家屬之間也能透過網路，得到最新消息和身心靈的健康分享。

第三、參與社會服務工作，推動校園「生命教育」，也讓大眾更認識漸凍人協會。

第四、支援科技輔具研發，催生無障礙空間設立，讓病友生活更便利，溝通更順達。

第五、加強理監事們的責任，發揮愛動一動的精神，讓協會的會務推展蒸蒸日上。

這是學慧走過「成果輝煌的二〇〇九年」，對二〇一〇年期許的新目標。

漸凍人花蓮兩日遊，按「漸凍人會訊」報導，在二〇一〇年四月十七日和十八日兩天，陳宏的老友姜捷有一篇報導。（註七）總共一四九人浩浩蕩蕩從台北搭乘台鐵電聯車出發，這是一個極有「特色」的旅遊團。

其中有三十一位坐輪椅的漸凍病友，意味著有三十一位推輪椅的愛心人，背後有三十一個永不放棄親人的家庭。還有數十位志工和行政人員，放棄自己的假期，來陪伴同行並擔任許多工作，讓病友欣賞花蓮的好山好水。

如此龐大的動員，還需要多方協助。立法院蔣乃辛立法委員的協助，鐵路局副局長張應輝幫忙協調拆卸列車的普通座椅，方便漸凍人輪椅進出；站長陳裕謀率員接待事宜。

晚間在花蓮，前縣長吳水雲、現任縣長傅崑萁及夫人徐榛蔚等，都來爲病友打氣。此外，鐵路局、兆豐農場、大方花園小木屋民宿、門諾基金會、呼吸器廠商、復康巴士及醫護照料團隊，都提供愛的幫助，沒有各界援助，理事長學慧亦辦不成事。

然而，劉學慧做到了，她完成「自我實現」；我們整個社會有了不同的氣氛和境界。如此動員社會資源，援助三十一位漸凍病友到花蓮觀光，是否「社會成本」太高？「姜捷觀點」是正確的，姜捷在該文最後說：（註八）

> 今天，漸凍病友能開心遂行「愛，動一動」，他年，台灣社會也能蓬勃運轉「愛，動一動」，受惠的是整個大環境，整整人類的關懷情操與善念萌芽，我深深為這一趟關懷之旅而動容……

今天的台灣社會事實上已病的很嚴重，人與人間的疏離幾如參商，不顧別人死活等。曾有國際媒體形容台灣，是「不適人居」之地。統獨之爭使台灣社會失去理性，失去是非，連人性都變質了，非常可悲，這一切惡化、變質，其源頭都在「台獨」，在「去中國化」，很悲哀！但我也看到很多點燈的人，如劉學慧、陳宏、姜捷，如漸凍人協會，我知道這個社會的善念快要成長成一棵大樹了。社會不會一直黑暗下去，點燈的人會越來越多。

但爲什麼點燈的人，從一群快要「熄燈」滅火的漸凍人開始，是因爲健康體壯的大家「心凍」了。這是今天我們這個社會需要深刻反省的大問題！

二〇一〇年「六二一全球漸凍人日」活動，有關醫療學術研討會在北京舉行，活動時間是六月十九日到二十五日，爲期七天。（註九）理事長劉學慧、主任醫師黃啓訓、創會理事長蔡清標、前理事長沈心慧、病友陳銀雪、家屬張鈞堯醫師、秘書長林金梅、呼吸治療師賴媛淑、社工林芷薇、陳大城等一行十人參加。此期間，陳宏兩本書「向疾病要快樂」和「眨間之間」在大陸出版簡體字本，同時舉行新書發表會，爲這次北京行的另一盛事。

二〇一〇年七月十一日，漸凍人協會在劍潭青年活動中心，召開「第七屆第一次會員大會」，是日參與總人數一四五人。大會選舉劉學慧連任理事長，繼續領導這個團體，按選舉公告，副理事長劉延鉅；常務理事有劉學慧、劉延鉅、殷心蓓、沈心慧、游淑華等五人，其餘均見公告。（註十）

甫一連任的劉學慧理事長心中又已然有了努力的新目標，有許多重要活動都等著這位團體領導人，期待她能親自參加。而此刻，學慧自己也在生病，她除了跑活動，也要跑醫院，但她直下承擔，再一次擔起漸凍人協會這個重擔。

四、《我在　燈在》封住了筆，封不住「陳宏精神」

二〇一〇年陳宏躺床的第十一年，他依然是眾生晉謁的熱門人選，遠近友人、學生、團體，都想來看。另一種也想見陳宏是一批社會弱勢者，如身心障礙、各界志工、從事社會或更生人教育等，他們從陳宏和劉學慧身上看到希望，看到愛是真的存在的。

因而，漸凍人協會認爲這是我們社會的「寶貝」，是台灣社會的「珍貴資產」，乃由漸凍人協會企劃團隊組成「陳宏老師紀錄片」拍攝隊伍。本紀錄片之宗旨，希望紀錄陳宏從記者、報社主筆、學校老師到成爲漸凍人作家；從上山下海的光影達人，到在病床上依然堅持靠眨眼表達意念的生命鬥士，捕抓這些浮光掠影，使其恆久性的啓蒙眾生。

紀錄片拍攝從二〇〇九年十二月起，進行到二〇一〇年五月，該片由漸凍人協會理事長劉學慧擔任製作人，姜捷擔任編劇，袁靖宇爲導演，劉重威老師負責攝影，楊斯曼

總統賀電

華總二榮電：099060044號

中華民國運動神經元疾病病友協會劉理事長學慧、人間福報社長妙開法師、臺北市立聯合醫院忠孝院區黃院長碧桃暨與會人士公鑒：

欣悉　訂於本（99）年6月25日舉行「621全球漸凍人日暨漸凍勇士陳宏新書發表會」，特電致賀。至盼藉由此項活動，體現堅韌生命意志，推展科技輔具研究，提供家屬喘息服務，共同為特殊病友建構完整醫療照護體系而努力。敬祝活動圓滿成功，諸位健康愉快。

馬　英　九

中華民國 99 年 6 月 10 日

擔任製作協調。（註十一）六月廿一日是「全球漸凍人日」，有盛大的活動，同時陳宏的封筆之作《我在　燈在》，也在六月二十日由福報文化公司隆重出版。總統馬英九先生為此一盛事，特致賀電，稱陳宏「漸凍勇士」，體現了堅韌的生命意志。

本書有星雲大師、市長郝龍斌、忠孝醫院黃啓訓醫師提序，而在陳宏的自序中，他講到與妻的「生命共同體關係」又一同進入佛法之上乘境界，也不捨妻的辛勞：

> 妻是最了解的，甚至知道這樣可以為我的「人生」再次注入意義，所以她如此的「不辭辛勞」，這可是扎扎實實的不辭辛勞啊！她進入佛法，藉佛陀智慧，再為我引燃「生命之光」。這確實是因為「燈在」，所以才能夠「我在」啊！我，重生了。雖然這具臭皮囊日漸如頑石，我的心已再次飛起。（註十二）

說實在的，那真是一份苦差事，天底下沒幾人能持之以恆的做下去，絕大多數是妻子劉學慧和陳宏配合完成。「ㄅ……ㄆ……ㄇ……」「是的話眼睛看窗」，如此苦幹、折騰，一天下來，可能才得百字。

也是神奇，這麼艱困的創作條件，到二〇〇七年時，陳宏已用眨眼方式完成十九萬一百八十五字，榮登「金氏世界紀錄」。雖然《我在　燈在》已極可能是封筆之作，但我相信陳宏心中早已完成放下、自在，他已走在菩薩道上，觀一切都自在，不因封筆而煩惱。

按我研究陳宏一生的生命歷程，我曾有個比喻，病前如身處「欲界」；病後到二○○四年《生命之愛》出版，如在「色界」；從二○○五年起，他開始進入「無色界」並層層上昇。

在《我在　燈在》的陳宏自序中，他講到這條菩薩道的修行心路，我們看看他這種因緣不可思議！

從《眨眼之間》到《生命之愛》出版期間，他除了如往昔喜歡觀察社會百態，還要面對自身病痛，心中難免悲苦。只因親近佛法，心境自然受到佛法的觀照，任何思考或判斷有了佛法做「依據」，內心便能得到佛光照護的「智慧喜悅」。

到了《頑石與飛鳥》完成，乃至《我見過一棵大樹》、《苦，也是一種豐富》、《自在的少水魚》，他已在不知不覺間萌生了願心，那就是「將那字字燃作燈，普照世間諸有情」。他祈願只要他在，燈就在，「將此身心奉塵剎」利益世人，這便叫菩提心。

所以，陳宏這場大病生的真是値得。星雲大師爲《我在　燈在》提序時，說到一件往事：（註十三）

劉學慧女士問我：「陳宏是否因業障才受此病痛之苦？」我勉勵他們說：「生病不是業障，而是發大慈悲心的逆增上緣；要將生病當作體會眾生苦的實際覺受，雖身受苦難，仍能將病房視為修行處，讓家人、照護者與患者相互扶持，自他兩利。」

《我在 燈在》雖極可能是封筆之作，就算封住了筆，陳宏精神也封不住，他早已化身成一尊臥佛，以無言講經說法。

陳宏的大事業總是書之不盡，本章範圍內還有呢？二〇〇八年陳宏榮獲第十一屆「傑出身心障礙楷模金鷹獎」，他是大家學習的標竿。一個人能「躺」成這樣，神奇！值得！（註十四）

他住在許多人的心中，他持續在影響這個社會，普照這個世界，永無封筆之勢，有誰聽過佛或菩薩要封筆了？？？

註釋：

註一：朱雲漢，「撥亂反正、打造政治新局」，台大對新政府的期許研討會，二〇〇八年五月廿四日—廿五日，會議手冊，頁一六—廿一。

註二：陳宏，我在　燈在（台北：福報文化股份有限公司，二〇一〇年六月二十日），頁八六。

註三：陳宏，自在的少水魚（台北：香海文化，二〇〇九年四月），頁九。

註四：同註三，頁八。

註五：同註二，頁一四七—一五〇。

註六：劉學慧，「二〇一〇　愛動一動」，漸凍人會訊，第九十七期，民國九十九年一月一日，第一版。

註七：姜捷，「有愛無礙、漸凍人春遊趣」，漸凍人會訊，第一〇一期，民國九十九年五月一日，第一版。

註八：同註七。

註九：活動全程可詳見：賴媛淑（呼吸治療師），「六二一北京ALS國際學術研討會散記」，漸凍人會訊，第一〇五期，民國九十九年九月一日，第一、二版。關於這次北京行，漸凍人會訊多處報導參加人員有異。可另見：沈心慧（常務理事），「可貴的他山之石：記二〇一〇・六・廿一北京全球漸凍人日活動」一文，漸凍人會訊，第一〇二、一〇三合刊，第二、三版。參加者有：理事長劉學慧、首任理事長蔡清標醫師、忠孝醫院祈翔病房黃啟訓主任、呼吸治療師賴媛淑、秘書長林金梅、社工林芷薇、病友陳銀雪、家屬張鈞堯醫師、常務理事沈心慧、名譽理事長徐粹烈醫師、陳大誠等，一行共十六人參與。

註十：公告及大會過程見：漸凍人協會社工雅婷、志工尹智、育鈴、世昌、紀廷所整理記錄，「愛、動一動、支持見動、永不氣餒：第七屆第一次會員大會活動報導」一文，漸凍人會訊，第一〇四期，民國九十九年八月一日。

註十一：楊斯曼，「十年光影。兩眼之間：陳宏老師紀錄片拍攝過程有感」，見動二〇一〇年刊（台北，民國九十九年六月十九日），頁四十—四十一。紀錄片製作陳容後有變更，以變更後為準。

註十二：同註二，頁一三。

註十三：同註二，頁五。

註十四：得獎者除陳宏外，尚有林啟萬、張守德、陳姿蓉、陳瑋寧、傅貞諺、黃偉彥、黃瀅朱、魏柏綸、蘇清富，共十位。詳見內政部出版，第十三屆「傑出身心障礙楷模金鷹獎」（97年11月）。

謝幕・感言・尾聲

今（二〇一〇）年九月六日上午，筆者爲本書寫作事宜，到忠孝醫院找學慧師姊（當時她也正生病住相同醫院），同時探視臥床多年的陳宏大哥。

我先到陳宏大哥的病房，師姊趨近他的耳際說有人來看你。我只能微笑站著向陳大哥點頭示意，他的眼睛似乎沒有很明顯的動作反應，師姊說他現在連眨眼也有些困難。所以，《我在 燈在》極可能是封筆之作，我心亦沈重，有些笑不出來了。

想到他的著作許多地方講到「外不著相」「凡所有相皆虛妄」，正是陳宏現在的心境，是他的修行境界。我稍寬心，鎮定了些。

隨後再到師姊的病房，正好漸凍人協會工作人員也因公務要和劉理事長談。原來師姊連生病住院，她的病房也成了臨時辦公室，很多會議要開，活動要辦，幕僚總要聽取理事長意見、裁示，成爲執行的依據。

聊到陳宏現在眨眼也日越困難，仍有長官、老友、有緣人和各界團體來看他，幾十年前教過的學生都還記著陳宏老師，他以前一定種下很多好緣。

確實，我爲寫陳宏的回憶文本，雖未達「上窮碧落下黃泉」的地步，也仍要到處「挖」資料。在「國光電子報第五十四期（二〇〇八年九月五日發行）」，編輯者訪問「程派青衣」王耀星，王回憶說大二那年，代表劇團參加由中國文藝協會舉辦的演唱會，當時很受陳宏老師賞識。後來由陳宏老師推薦，榮獲中國文藝協會第三十五屆文藝類京劇獎章。

國劇界知名的國劇表演者朱陸豪，在陳宏和劉學慧的五十年金婚紀念集「金囍」上說到，「如果沒有陳宏老師的慧眼識英雄，注意到我在藝術上的表現，以我一個武生來說，是很難出人頭地的，陳老師真是一個傑出的園丁，把我從雜草中發掘出來……」

像這樣的史例，要寫真是書之不盡。陳宏不論以作家、記者或攝影家身份，他「獵捕」的對象，雖有很多大師級人物，如郎靜山、錢穆、王雲五、趙麗蓮、夏元瑜、劉鳳學、王王孫、王藍、莊嚴、黃君璧、毛子水、郭美貞等，都是陳宏「藝術再創作」的對象。

但事實上，從廣大的眾生中發掘人才，可能是更多的，因爲陳宏這一生所關注的，是整個我們這個社會，是整個中華民族的歷史文化。

未來他仍將活在歷史中，活在許多人的心中，陳宏雖封筆，「陳宏精神」仍在擴散，從很多人心中再擴散出去！

附錄

一、陳宏、劉學慧生命歷程與創作年表

二、陳宏全部著作略覽與參考書目說明

附錄一：陳宏、劉學慧生命歷程與創作年表

本年表之編纂方式，是以陳宏和劉學慧之生命歷程爲主述，相互對照編輯而成。乃因二人在各層面之一體性都很高，實即相互依存之「共同體」，若將二人個別論述，則無論如何論述，都會陷於片面，失去完整和圓滿的美感，如同全書之書寫，他二人總是一體的。

陳宏的著作編年分兩部份，他病前所發表的文章都有年代記錄，依其年代詳實編入；病後的作品絕大多數未記年代，大約以一年爲期，達一定量出版成書，僅註明出版資料。病前作品後編成《陳宏文存》，以略記標題註明收錄之文本，略記標題如下：

「說戲」：「說戲」。

「澎湃歌」：「生命是一首澎湃的歌」。

「群賢集」：「群賢雅集」。

「話攝影」：「話說攝影」。

「有情界」：「有情世界話題多」。

「瓜棚下」：「瓜棚豆架下」。

「寫戲」：「陳宏寫戲」。

「看戲」：「陳宏看戲」。

陳宏的年齡，身份登記在民國廿二年，實際在廿一年，本書以實際年齡並出生當年一歲爲準。再者，陳宏的作品有很多未正式出版成書，例如《陳宏文存》是從很多存稿中選輯出版，本表所記均僅針對已公開出版爲準。（很多尚未出版仍藏於陳府）

陳宏、劉學慧生命歷程與創作年表

西元	民國	陳宏年齡	劉學慧年齡	重要記事：陳宏	重要記事：劉學慧
1932	21	1		農曆元月一日，出生於河北獲鹿（今改鹿泉市），父陳仁德，母陳王氏。	
1938	27	7		入獲鹿小學。	
1939	28	8	1		農曆七月十六日，出生於天津（祖籍河北獲鹿），父劉銘閣，母賀淑真。

1944	33	13	6	入獲鹿初中。	
1945	34	14	7		讀北京小學一年級
1946	35	15	8		讀北京小二。
1947	36	16	9		舉家遷上海讀小三。
1948	37	17	10	隨老闆到台灣。	舉家乘太平輪到台灣，住林口。
1949	38	18	11		父肝病仙逝，得年四十六歲，不久。全家搬到苗栗。
1952	41	21	14		苗栗建功國小畢業，考上北一女中初中部。
1953	42	22	15	在花蓮工作，經長輩介紹認識劉學慧。	長輩介紹認識陳宏。
1955	44	24	17		北一女畢業，考入台北女師，第五十三班，任班長。
1958	47	27	20	八月十六日，陳宏和劉學慧結婚，仍在花蓮工作。	七月從台北女師普通科畢業，八月結婚，任教花蓮明義國小，教五年級。
1960	49	29	22	六月十二日，長子出生，取名「大誠」。	
1963	52	32	25	二月二十五日，長女出生，取名「心怡」，是抗日英雄駱香林所取。	參加台灣省國小教師注音比賽榮獲花蓮縣第一名。
1964	53	33	26	因工作關係調台北。	隨夫調台北，任教市立西松國小，並考上實踐家專家政科夜間部。

1966	55	35	28	任職凱旋工業股份有限公司經理。	
1967	56	36	29	七月，發長「打燈籠」，憶兒時（瓜棚下）。	
1968	57	37	30	「看廟戲」、「拾碴子」、「看棗園」三篇憶兒時散文，都在今年發表（瓜棚下）。	實踐家專畢業，參加國中教師甄選，分發台北市立介壽國中，在此待了十年。
1970	59	39	32	△元月二十七日，次子出生，取名「大謀」。 △兒童文學「太平年」出版（林雨樓插圖，台灣書店出版），後於二〇〇六年由信誼基金會再版。曾謀賢繪圖。	
1971	60	40	33	△陳宏開始擔任大華晚報記者、編輯、主筆。 △開始有很多關於攝影的演講，持續達五年之久，後將講稿出版「攝影一席話」一書。	
1973	62	42	35	△「攝影漫談」第一、二集出版，英文中國郵報發行，後經多次再版。 △榮獲中國文藝協會「文藝獎章」（攝影評論類），並榮獲行政院長蔣經國先生召見。	
1974	63	43	36	開始在世新專校（後改世新大學）任教。	
1975	64	44	37	△開始擔任中國郵報攝影記者、雜誌主編。 △「攝影一席話」出版，英文中國郵報。兒童文學「逃」由省教育廳出版（64年9月30日），凌明聲繪圖。 △十一月，「拍張好照片」由省教育廳出版。	

1976	65	45	38	△升任凱旋工業股份有限公司董事長。 △開始在「文藝月刊」寫「攝影經驗談」專欄。	政大輔導研習20學分結業（65、66年）
1979	68	48	41	△四月，發表「誰是梨園祖師爺?」（說戲）。 △七月，發表「郝總司令期勉陸光劇校學生」（說戲）。 △八月，發表「郭小莊演鬼像鬼」（說戲）。	調市立古亭女中，任輔導主任、訓導主任、教務主任，共十一年。 六月，文化大學家政系畢業。
1980	69	49	42	△三月，在國立歷史博物館舉辦「陳宏國劇攝影展」。 △「戲劇季談國劇攝影」，於十月、十一月，分上下集發表（說戲）。	
1981	70	50	43	△任大華晚報記者。 △爲大鵬劇團修編「孔雀東南飛」。 △二月，發表「烏總司令與大鵬學生共進午餐」（說戲）。 △九月，發表「如果有一天沒了鳥……」（有情界）。 △十月，「放風箏現已風行了全球」、「昂首看焰火滿天」、「台大風箏比賽、放焰大考證」，三篇均在本月發表（有情界）。 △十二月，「熊雖可愛、但亦具危險性」（有情界）。	
1982	71	51	44	△二月，發表「在復興劇校動員月會上，說國劇與大眾傳播」（說戲）。 △三月，發表「尤乃斯柯並不荒謬」（說戲）。 △四月，發表「酒戰方酣，且談酒國滄桑」（有情界）。	師大教研所中等學校教師及教育行政人員暑期40學分進修班結業。（68-71）

	1983	1984
	72	73
	52	53
	45	46
△八月，發表「民間信仰其來有自，劉枝萬指出不宜視爲迷信」（群賢集）。 △九月，有三篇發表，「催眠是充滿神秘色彩嗎？」、「催眠的——誘發和解法」、「戲法人人會變，各有巧妙不同」，同一題材分三次發表（有情界）。	△元月，發表「滄海桑田說珊瑚」和「台灣將可成爲蘭花王國」（有情界）。 △二月，發表「醋的科學觀」、「克利布斯循環、關係疲勞症狀」（有情界）。 △十至十二月有三篇發表，「哼歌與吟詩」、「王永慶賣米的故事」、「管和理之間的奧妙」（瓜棚下）。	△元月，發表「與自然爲友」，「茶貴在自然香」（瓜棚下）。 △二月，有三篇發表，「勤奮自愛的瑞士人」、「文明那裡來」、「遲到?還是領先」（瓜棚下）。 △四月，發表「人・人生・人生觀」（瓜棚下）。 △六月發表「存乎一心——榮民爲什麼會老兵不死」（瓜棚下）。 △八月，發表「且看美國人夏華達怎樣演中國劇」（瓜棚下）。 △九月，發表「邊際土地不斷開發，鳥離我們越來越遠」（有情界）。
		台北市義勇警察大隊在中正紀念堂舉行總檢大會，市長黃大洲親校，劉學慧擔任大會司儀，隨後應女警中隊長楊黃秀玉力邀，加入女義警隊。

1985	1986
74	75
54	55
47	48
△二月，發表「大蒜功能又被重新評估」（有情界）。 △三月，兩篇發表，「巧克力是由可可豆製成的」、「既愛又怕——只因一吃難停，巧克力確爲美食」（有情界）。 △六月，有三篇，「情化音樂，歡唱心聲——黃輔棠投身樂教」（澎湃歌）；「且看動物行爲的輕鬆面」、「一隻鰹鳥的故事……」（有情界）。 △七月，有兩篇，「知識生活化：社教活動擴大視野」、「昆蟲世界中的文學和哲學意境」（群賢集）。 △八月，有兩篇發表，「行不改名，坐不改姓：王國璠談宗族觀念的形成」、「台灣有一千六百九十四個姓」（群賢集）。 △九月，有四篇，「由遊山逛景到知性探索」、「埃及古物在台展出」（分三篇發表）（有情界）。 △十一月，「爲何西方藝術那樣著重人體美」（有情界）。	△開始在大華晚報寫「一週話題」。 △元月，發表「打出中國的音樂家——朱宗慶創組打擊樂團」（澎湃歌）。 △三月，「續修四庫全書，蔣復璁未竟之願」（群賢集）。 △六月，「葉樹涵和時間賽跑」（澎湃歌）。

		1987	1988
		76	77
		56	57
		49	50
	△七月，「爲室內樂植根——記林安誠與熊士蘭夫妻檔」（澎湃歌）。 △九月，發表兩篇，「科學的啓蒙、啓蒙的科學」、「蒙特梭利創下幼兒教育典範」（群賢集）。 △十月，「外國馬劇與中國技藝」（有情界）。 △十二月，「書畫是雅事，但照樣造假」（有情界）。 註：著名畫家梁丹手，提供一張大華晚報民國75年11月16日報紙，有陳宏談「生態保育」一文，該文未收入陳宏任何著作，筆者未見全文。	△三月，「素人藝術有益大眾美育」、「洪通的故事」、「什麼音樂可以增進記憶」（有情界）；（戲劇工作者大有可爲）（說戲）。 △四月，「說說牡丹」（有情界）。 △六月，發表兩篇，「同樣養魚、心態各異」、「小魚缸中體會天南也北富情趣」（有情界）。 △九月，發表「馬褂來由之謎、王宇清細說從頭」（群賢集）。 △十月，「顧正秋重新詮釋文姬歸漢」（說戲）。 △十二月，「國劇與社會教育」（說戲）。	△開放探親後，曾回大陸探親，在「群賢雅集」和「生命之愛」兩書均提及，詳情不明。 △長女心怡與吳水雲三子吳秀陽結婚，婚後雙雙赴美留學。 △六月，發表「教育部長也願上劇校」（說戲）。 △十二月，發表「怎樣才能唱好一台戲」（說戲）。
			參加全國教師教具展榮獲家政科特優。

1993	1992	1991	1990	1989
82	81	80	79	78
62	61	60	59	58
55	54	53	52	51
△大誠在美獲企管碩士並回國任職救國團。 △與星雲大師初結法緣。 △五月，發表「看原野、談感懷、論影響」（澎湃歌）。	△次子大謀赴美奧斯汀州立大學就讀。 △今年陳宏曾參加兩岸兒重文學會議，時間不詳。	△元月一日，長子大誠與徐以劼結婚，婚後赴美留學。 △三月，發表「國劇也該現代化了」（說戲）。 △十二月，發表「讓古典劇作重現當代舞台」（寫戲）。「國劇故事第二輯」出版。	△爲大鵬劇團編寫「桃花扇」，由名導演朱錦榮執導，得中國文藝協會導演獎。 △七月，發表「國樂團訪德、漢聲揚異域」（澎湃歌）。 △八月，發表「從西樂茱畦到國樂田園：陳澄雄開創新天地」（群賢集）。 △九月，發表「治學修藝，何必曰利：劉鳳學退而不休」（群賢集）。 △十月，發表「王王孫與郭小莊」（說戲）。 △十一月，發表「滌塵脫俗，振衰起敝，王王孫特立獨行」（群賢集）。	應中華職訓中心邀請，開始講授「攝影及印刷攝影指導」課程。
		調台北市立景興國中教務主任，在此任職六年。	師大家政研究所中等學校教師在職進修暑期班40學分結業（76-79）。	

	1994	1995
	83	84
	63	64
	56	57
△六月,發表「新古典舞團大陸去來」(群賢集)。 △十二月,發表「寫在裴艷玲首度來台演出後」(說戲)。	△任中國文藝協會理事,得文藝獎(評論類)。 △四月,「樂壇中的春耕圖」(澎湃歌)。 △五月,「第三屆中國作曲家研討會紀盛」(澎湃歌)。 △六月,發表「敦煌夢——留下多少回憶」(澎湃歌)。 △八月,發表「管樂泰斗芬奈爾的忘年會」(澎湃歌)。 △十月,發表「百聞不如一見:兩位美籍教授眼中的台灣」(群賢集)。 △十一月,發表「心存感念、樂在其中」(豆棚下)。	△元月,發表「記匈牙利交響樂團來訪」(澎湃歌)。 △四月元,「一九九五年作曲研習營後記」(澎湃歌)。 △五月,「金門紀行誌感」(瓜棚下)。 △六月,「撫今憶昔說澳洲」(瓜棚下)。 △八月,發表「群山山歌唱不盡」(澎湃歌)。 △九月,發表「戲在戲外、如詩在詩外」(說戲)。 △十月,有三篇發表,「鑼鼓聲響、笑逐顏開」(澎湃歌);「看朱芳慧的重返國劇舞台」(說戲);「澳洲行——中天寺、南天寺參訪記」(瓜棚下)。

				△十二月，發表三篇，「大陸新興的劇種」（說戲）；「告別飛鳥，推出楊金花（說戲）；「猶如一股清流流過——向奧福音樂教育工作者致敬」（澎湃歌）。	
1996	85	65	58	△元月，發表「安陽豫劇團來台演出」（說戲）。 △二月，發表「蕭唯真琴音『響』譽東歐」（澎湃歌）。 △四月，發表華裔音樂研討會、兩岸交流傳喜訊」（澎湃歌）。 △五月，發表「寄望苦瓜袪火：大陸作家李國文筆下的眾生相」（群賢集）。 △七月，「好戲連台、各有特徵」（澎湃歌）。 △八月，「情理之中，意料之外——寫劇本不能僅止於講故事」（說戲）。 △十一月，「音樂會的聯想」（澎湃歌）。 △十二月，「流行曲唱法進入了正規學府」（澎湃歌）。	△承辦台北市國中教師甄選。 △參加視聽媒體研習結業。
1997	86	66	59	△今年，陳宏開始覺得身體有異狀，仍能正常工作，到各地採訪、寫作等。 △「漸凍人協會」成立，馬英九加入爲志工，未來都和陳宏有好因緣。 △元月，發表「炎黃弘法、深入南非」（瓜棚下）。 △二月，「我從南非歸，且談僑商情」（瓜棚下）。 △四月，「感動與感傷」（瓜棚下）。	△受聘中華民國女童軍專科考驗委員。 △到國父紀念館聽星雲大師一場演講，從此對佛法改觀。 △調華江高中輔導主任。 △辦理台北市86學年度原住民學生就業輔導研習活動。

	1998
	87
	67
	60
△五月，「聆其樂、思其人、王西麟紀往」（澎湃歌）。 △十月，「金門聽到了交響樂」（澎湃歌）。 △十二月，發表「蛻變的金門」（瓜棚下）。	△今年的創作量是所有各年度中，作品發表最多的一年，採訪點最多的一年。 △元月，三篇作品發表，「海南島的悲情與企盼」（瓜棚下）；「迷・悟・一念間」（瓜棚下）；「現代華裔作曲家作品演奏會」（澎湃歌）。 △二月，兩篇，「種福因、得善果」（瓜棚下）；「香港之旅的另類體認」（瓜棚下）。 △三月，「戲與人生」（瓜棚下）。 △四月，兩篇，「智慧的開發」（瓜棚下）；「在那場音樂盛會中，想哭」（澎湃歌）。 △五月，「彩色的人生」（瓜棚下）。 △六月，「地獄不空、誓不成佛」觀後（澎湃歌）。 △七月，發表三篇，「達拉斯的傳奇」（瓜棚下）；「有情世界喜樂多」（瓜棚下）。；「溪頭之會的喜與憂」（澎湃歌）。 △八月，兩篇，「奧斯汀走馬看花」（瓜棚下）；「一個鮮活的教案」（瓜棚下）。 △九月，「那種神妙的力量」（瓜棚下）。 △十一月，「命耶？運耶？」（瓜棚下）。 △十二月，發表兩篇，「繼承・吸收・創新」（瓜棚下）；「弘揚中華文化、陳立夫大老不老」（群賢集）。
	△辦理台北市高中學生領導才能研習營。 △配合教育部辦理「教育改革研習會」。 △仍在華江高中，轉調教務主任。

1999	2000
88	89
68	69
61	62
△經過長期、精確診斷，陳宏確實得了「肌肉萎縮性側索硬化症（俗名漸凍人），手還能寫東西。 △元月，發表兩篇，「給一位自稱失戀的朋友」（瓜棚下）；「『一起來探母』的思考」（說戲）。 △二月，有兩篇，「生命是一首澎湃的歌：記申學庸教授溫馨四溢的慶生音樂會」（澎湃歌）；「國光豫劇隊神州放異彩」（說戲）。 △三月，「孔子的智慧」（瓜棚下）。 △五月，「過程與結果」（瓜棚下）。 △七月，「從逆鏡中抽離」（瓜棚下）。 △八月，「人・工作・方法」（瓜棚下）。 △九月，「音樂使者揚威異邦」（澎湃歌）；「敬畏・感恩・慚愧」（澎湃歌）。 △十一月，發表「一句話的力量」（瓜棚下）。	△年初仍能依手杖蹣跚而行。 △元月，「愛因斯坦的閉嘴說」（瓜棚下）。 △二月，三篇發表，「吉祥如意」、「技與藝」、「品與評」（瓜棚下）。 △三月三十日，家人原已辦妥要送陳宏到河北石家莊就醫，最後陳宏自己決定不去而未成行。後來他的文章回憶，未去石家莊是正確的決定。 △三月，發表兩篇，「張岫雲：台灣豫劇的開創者」（說戲）；「清明遐思」（瓜棚下）。 △四月，「清明談孝」（瓜棚下）。
八月一日專案申請，從華江高中教務主任退休，全心全力照顧夫君陳宏。	

	2001	2002
	90	91
	70	71
	63	64
△四月六日，中午時陳宏因呼吸衰竭昏迷，送進國軍松山醫院。從此未離開醫院，至我寫本書時，他仍躺在忠孝醫院「祈翔病房」，一張床成爲他永恆的修行道場。 △五月，發表「舉一反三、妙在其間」（瓜棚下）。	△春節在國軍松山醫院度過。 △「陳宏文存」（共八本）出版： 「陳宏看戲」（二〇〇一年三月） 「陳宏寫戲」（二〇〇一年十一月） 「有情世界話題多」（二〇〇一年十二月，下同） 「生命是一首澎湃的歌」 「群賢雅集」 「說戲」 「瓜棚豆架下」 「話說攝影」	△元月一日，「漸凍人會訊」創刊。 △二月十四日，朱立熙帶來改良型「透明注音符號板」，方便照顧者和陳宏的溝通，也縮短創作時程。 △三月九日，在醫院禮堂舉行「陳宏文存」新書發表會。 △「眨眼之間──漸凍人陳宏的熱情人生」出版，圓神出版，十二月。 △今年在松山醫院有陳宏攝影展。 △劉學慧與長媳徐以劼榮獲中華民國婦女聯合會模範婆媳獎。
	△開始研發「注音符號漸凍人溝通板」，試圖與夫君用眼睛溝通。 △爲「陳宏文存」（共八本）的出版，敦請唐健風擔任總監，張澄子爲主編。	

2003	2004	2005	2006	2007
92	93	94	95	96
72	73	74	75	76
65	66	67	68	69
△春節，仍住國軍松山醫院。五月五日轉忠孝醫院，此後一直住在忠孝醫院。 △三月，國內戲劇界感念「漸凍勇士」陳宏對戲劇界的貢獻，以「向陳宏致敬」之名，由國光劇團專場演出陳宏改編的古典名劇「孔雀東南飛」。	△今年陳宏在忠孝醫院六樓皈依我佛，正式「註冊」成爲佛教徒。儀式由心定和尚主法，滿謙法師和香海文化執行長蔡孟樺陪同。 △劉學慧榮獲「二〇〇四年台北市模範母親獎」，她今年開始和各監獄「結緣」，傳揚陳宏精神。 △「生命之愛——在眨眼之間」出版，香海文化，七月。本書發表時，陳宏同時獲「全球熱愛生命獎章」，馬英九市長親自頒獎。	△信誼兒童基金會重新再版陳宏早年的兒童文學「太平年」。 △漸凍人協會理事長沈心慧計畫，採訪二十位漸凍病友，全案由蔣素儀執行，林大欽訪談撰稿並出版「用愛解凍」一書。 △「頑石與飛鳥」出版，香海文化，六月。	△忠孝醫院成立「祈翔病房」，爲漸凍人的專屬病房，陳宏是第一位祈翔病房的病患，他亦被稱祈翔病房的「鎮店之寶」。 △二〇〇六年國際病友大會在日本舉行，我國漸凍人協會以陳宏的事蹟，向國際人士介紹。 △劉學慧持續參加各學校、監獄的讀書會，陳宏的故事感動了更多的人。 △「我見過一棵大樹」出版，香海文化，十月。本書榮獲周大觀文教基金會頒發，「二〇〇六年全球生命文學創作獎章」。	△「國際漸凍人日」（六月廿一），在忠孝醫院舉行「漸凍學術研討會」，參加者有蔡清標等醫護界人士。 △佛光山台北教師分會「教緣讀書會」，選讀陳宏「我見過一棵大樹」。（近幾年都選陳宏著作爲讀書會必讀本）。 △桃園女子監獄「三巨頭」來訪陳宏（詳見內文）。 △作家姜捷到陳宏病床前演唱「受苦也是一種豐富」；佛光山台北道場合唱團也曾來爲漸凍病友歌唱，時間是「祈翔病房」成立一週年時。

2010	2009	2008	
99	98	97	
79	78	77	
72	71	70	
△漸凍協會理事長劉學慧總結二〇〇九年成果，提出二〇一〇年的努力目標及構想要辦的各項活動。 △漸凍病友、家屬、志工花蓮兩日遊，理事長劉學慧領軍一行百餘人，聲勢浩大，順利完成。 △「我在　燈在」出版，福報文化，六月。總統馬英九先生拍來賀電，星雲大師、郝市長為本書提序。蕭萬長副總統、郝市長親自到忠孝醫院致賀。 △中國「國際漸凍人日」活動在北京舉行，理事長劉學慧率代表團參加，同行有蔡清標、黃啓訓、賴媛淑、林金梅、張鈞堯、陳銀雪、陳大誠、林芷薇等。 △陳宏的兩本書，「向疾病要快樂」、「眨眼之間」，在北京出版，發行簡體版（六月）。	△「自在的少水魚」出版，香海文化，四月。新書發表會時，台北市長郝龍斌親自參加，副總統蕭萬長等提序。 △六月，「國際漸凍人日」活動在台北舉行，大陸有二十九人代表團來台參加，領隊是中國醫師協會殷大奎會長，其他醫護界及相關代表有康德宣、李曉光、蔣雨平、盧家紅、張成、姚曉黎、黃敏、倪牛清、陸瑞芳等。 △十二月十八日，星雲大師光降陳宏病房，鼓勵多位病友，勇敢活出人生。	△「苦，也是一種豐富」出版，香海文化，元月。本書出版後，榮登「金氏世界紀錄獎」，陳宏為全世界用「眨」眼寫最多字的人。計從一九九九年至二〇〇七年，以眨眼書寫出版文字，達十九萬零一百八十五個字。 △五月十二日四川汶川大地震，他們的長子大誠參與四川救災，把父親的精神散播出去，又結了好多好緣。 △七月，劉學慧接任「漸凍人協會」理事長；八月是她和陳宏結婚五十週年的「金婚」，朋友們為他們出版了「金囍」紀念集（總編輯唐健風、文字編輯姜捷、美編豐子娜、執行編輯田文輝等，有容文化工作室，民97年8月16日）。	△今年來「參訪」陳宏的各界人士似比往年多，大陸山東省醫學科學院院務委員劉海鵬主任、山東腫瘤防治研究院院長于金明博士，及醫學專家王天勝、萬書臻、王家林等都來了。台北市成德國小二年級小朋友也來了。

	△「漸凍人協會」拍「陳宏紀錄片」，時間從去年年底到今年三月。 △六月十四日，人間福報發行人心定和尚光降陳宏病房開示，並予鼓勵有加。 △七月十一日，「漸凍人協會」的「第七屆第一次會員大會」選舉，劉學慧再連任理事長，副理事長劉延鉅（詳見會訊一〇四期）。 △十月十日，漸凍人協會在劍潭青年活動中心，舉行「漸凍人醫療新知暨多元化專業到宅服務個案研討會」，到會有各界五十多人，理事長劉學慧致詞，感謝個方參與支持。

附錄二：陳宏著作略覽與參考書目說明

陳宏的全部著作到底有多少？每一本書的記錄似乎都不同，依理而論，除文字作品，他有很多攝影名品，並未做有系統的整理和正式發行出版；再者，他所主編的「攝影雜誌」，據聞有上百期之多，凡此都算得上是陳宏一生心血結成之珍品。這些只好待有緣人出現，好好再爲陳宏整理出來，相信也是很有價值的藝術作品，也是一種文化資產。

至於陳宏的文字作品到底有多少？最可靠當然是陳夫人劉學慧女士的說法，據她說，「絕大多數」還藏放家中呢！

本文所整理出來只限陳宏已出版的文字著作，不論病前、病後，從早年至今，其文類範圍頗廣，發表作品很多。惟積極於文本出版則是病後的事，病前正式出版的著作如下：

「攝影漫談」第一集（英文中國郵報社，約民62年）。

「攝影漫談」第二集（英文中國郵報社，民62年8月初版），民64年7月第三版。

（另有第三、四集，但出版資料不詳。）

「拍張好照片」（省教育出版，民64年11月30日），這是一本寫給小朋友看的書，由陳宏自己繪圖。

「攝影一席話」（英文中國郵報社，民64年11月初版），民65年5月再版。

陳宏曾以「山人」筆名寫兒童文學作品，惟作品多已軼佚（或藏放家中）（註）。出版成書的「太平年」（台灣書店出版，民59年），後於二〇〇六年由信誼基金會再版。另一本兒童文學「逃」，由省教育廳出版。

陳宏病後首批出版的《陳宏文存》八本，出版時間稍有不同。

「陳宏看戲」（二〇〇一年三月）。

「陳宏寫戲」（二〇〇一年十一月）。

「說戲」（二〇〇一年十二月，以下同。）

「有情世界話題多」。

「瓜棚豆架下」。

「話說攝影」。

「群賢雅集」。

「生命是一首澎湃的歌」。

以上八本中，「陳宏寫戲」改篇三個古典劇作，使其可以在現代舞台演出，也合現代人的胃口，分別是：

「桃花扇」（明末，孔尚任，孔子後裔）。

「李逵鬧梁山」（元雜劇「梁山泊李逵負荊」，康進之）。

「山中狼」（兒童國劇，陳宏重寫宋謝良的「山中狼」，適合小朋友觀賞）。

「陳宏看戲」是應文建會之邀，寫國劇故事後的延伸，選輯十個劇目，作導覽式介紹，深值現代人再回眸一顧。

㈠「四進士」，榮辱隔一線，取捨存一心！

㈡「四郎探母」，小喜神牽動的親情大戲。

㈢「霸王別姬」，項羽的空留霸名，千古之恨。

㈣「群英會」，另類的戰場，人生處處是戰場。

㈤「完璧歸趙」，藺相如、廉頗，孰勝？

㈥「白蛇傳」，情、理、法的衝突與鬥爭！

㈦「打漁殺家」，漁人淚不輕彈。

⑻「鍾馗嫁妹」，人情味、動感美。

⑼「脫骨記」，謗而無怨，撥雲見日。

⑽「梁祝」，東方的羅蜜歐與茱麗葉。

中華文化是一座源源不絕，挖不完的寶庫，許多古典名作歷朝歷代都不斷「重複使用」，都有不同的詮釋和創新。從說書、布袋戲、舞台劇、電影、電視、電動……代代子民都在觀賞，成爲一種民間文化。

陳宏應行政院文建會之邀，在國劇欣賞叢書中，擔任「國劇故事」第二集和第四集之撰寫。其第二集（80年12月出版），包括「龍鳳閣」、「白蛇傳」、「紅鬃烈馬」（上、下）、「除三害」、「紅娘」、「鎖麟囊」、「秦香蓮」、「捉放曹」、「岳母刺字」等，對國劇的現代化，影響至爲深遠。

陳宏病後用「眨」眼方式完成，在台灣出版七本，大陸出版兩本，依年代序如下。

「眨眼之間：漸凍人陳宏的熱情人生」（圓神出版，二〇〇二年十二月）。

「生命之愛：在眨眼之間」（香海文化出版，二〇〇四年七月）。

《頑石與飛鳥》（香海文化出版，二〇〇五年六月十五日初版），二〇〇七年元月五刷。

《我見過一棵大樹》（香海文化出版，二〇〇六年十月）。

《苦，也是一種豐富》（香海文化出版，二〇〇八年元月）。

《自在的少水魚》（香海文化出版，二〇〇九年）。

《我在 燈在》（福報文化出版，二〇一〇年六月二十日）。

「眨眼之間：絕境中的勇氣與智慧」（北京，中國商業出版社，二〇一〇年六月）。

「向疾病要快樂」（北京，人民文學出版社，二〇一〇年六月）。

另一本有關陳宏和劉學慧的作品，是他們的結婚五十週年「金囍」紀念集。由他們的一群老友，唐健風、姜捷、蔡榮豐、田文輝、張澄子等數十位完成，雖非陳宏的著作，卻是研究、了解他們的重要文獻。

註：陳宏以「山人」為筆名寫的兒童文學作品，部份發表在大華晚報的「大華兒童」，如民國六十四年三月二日的「黃金萬兩」、三月九日的「誰是獸中之王？」、三月十六日的「雨從那裡來？」及二十三日的「馬到成功」、三十日的「三月裡節日多」等，都尚未綴輯出版成書。

本書作者著編譯作品目錄

	（性質）	（定價）
幼獅文化出版公司		
①國家安全與情治機關的弔詭		200 元
大人物出版公司		
②決戰閏八月：中共武力犯台研究		250 元
③防衛大台灣：台海安全與三軍戰略大佈局		350 元
④非常傳銷學（合著）	直銷教材	250 元
黎明文化出版公司		
⑤孫子實戰經驗研究	兵法研究	290 元
⑥解開兩岸十大弔詭	兩岸解謎	280 元
⑦大陸政策與兩岸關係	政治研究	280 元
慧明出版社		
⑧從地獄歸來：愛倫坡（Edgar Allan Poe）小說選		200 元
⑨尋找一座山：陳福成創作集	現代詩	260 元
全華出版社		
⑩軍事研究概論（合著）		250 元
龍騰出版社		
⑪—⑭國防通識（著編）	高中職學生課本	部頒教科書
⑮—⑱國防通識（著編）	高中職教師用書	部頒教科書
時英出版社		
⑲五十不惑：一個軍校生的半生塵影	回憶錄	300 元
⑳國家安全與戰略關係	戰略・國安	300 元
中國學四部曲：		
㉑首部曲：中國歷代戰爭新詮	戰爭研究	350 元
㉒二部曲：中國政治思想新詮	思想研究	400 元
㉓三部曲：中國四大兵法家新詮（孫子、吳起、孫臏、孔明）		350 元
㉔四部曲：中國近代黨派發展研究新詮		350 元
㉕春秋記實	現代詩	250 元
㉖歷史上的三把利刃	歷史研究	250 元
㉗國家安全論壇	學術研究	350 元
㉘性情世界：陳福成詩選	現代詩	300 元
㉙新領導與管理實務：新叢林時代領袖群倫的政治智慧		350 元
秀威出版社		
㉚赤縣行腳・神州心旅	現代詩・傳統詩	260 元
㉛八方風雨・性情世界	詩・文・評	300 元
㉜男人和女人的情話真話	人生真言・小品	250 元
文史哲出版社		
㉝一個軍校生的台大閒情	詩・小品・啟蒙	280 元

㉞春秋正義	春秋論述・學術	300 元
㉟頓悟學習	人生・頓悟・小品	260 元
㊱公主與王子的夢幻	人生・啟蒙・小品	300 元
㊲幻夢花開一江山	傳統詩詞風格	200 元
㊳奇謀迷情與輪迴（一）被詛咒的島嶼	小說	220 元
㊴奇謀迷情與輪迴（二）進出三界大滅絕	小說	220 元
㊵奇謀迷情與輪迴（三）我的中陰身經歷記	小說	300 元
㊶春秋詩選	現代詩	380 元
㊷愛倫坡（Edgar Allan Poe）經典小說新選		280 元
㊸神劍或屠刀	思想研究	220 元
㊹洄游的鮭魚	四川重慶成都之旅	300 元
㊺山西芮城劉焦智「鳳梅人」報研究	春秋典型人物研究	340 元
㊻古道・秋風・瘦筆	春秋批判・小品	280 元
㊼三月詩會研究：春秋大業十八年	三月詩會研究	560 元
㊽春秋圖鑑：回頭看中國近百年史（編）	三千六百張圖照說明	
㊾二〇〇八這一年，我們良心在那裡？（編）		
㊿中國意象（編）	二千張圖照	
(51)台灣邊陲之美	詩・散文	
(52)奇謀・迷情・輪迴小說（合訂本）		760 元
(53)在「鳳梅人」小橋上：山西芮城三人行旅行文學	旅遊、考察、文學	480 元
(54)陳福成作品講評論文集（編）		
(55)中國民間神譜（編）		
(56)我所知道的孫大公：黃埔二十八期孫大公研究	春秋典型	320 元
(57)找尋理想國 — 中國式民主政治研究要綱	政治思想	160 元
(58)漸凍勇士陳宏傳 — 他和劉學慧的傳奇故事	勵志典型	
(59)天帝教研究		

唐山出版社

(60)公館台大地區開發史	地方文史研究	
(61)從皈依到短期出家	不同人生體驗	

購買方法：

方法 1.全國各書店　方法 2.各出版社

方法 3.郵局劃撥帳號：2259-0266　戶名：鄭聯臺

方法 4.電腦鍵入關鍵字：博客來網路書店→時英出版社

方法 5.時英出版社　電話：（02）2363-7348、（02）2363-4803
地址：台北市新生南路 3 段 88 號 3 樓之 1

方法 6.秀威資訊科技公司　電話：（02）2796-3638
地址：台北市內湖區瑞光路 76 巷 65 號 1 樓

方法 7.文史哲出版社：（02）2351-1028　郵政劃撥：16180175
地址：100 台北市羅斯福路 1 段 72 巷 4 號

附記：以上各書凡有訂價者均已正式出版完畢，部頒教科書未訂價。另有未訂價者均在近期出版。